舌尖上的说话艺术

精准表达：把话说到点子上

宿春礼 编著

吉林文史出版社
JILINWENSHICHUBANSHE

U0666408

前言
PREFACE

　　有的人说起话来娓娓动听，别人听了惬意舒畅；有的人说起话来锐利无情，听者如芒在背；有的人说起话来虚伪客套，一开口就让人不适……说什么？怎么说？什么话能说，什么话不能说？说话有哪些礼仪和规则？这就是说话的艺术。

　　语言是人与人沟通的桥梁，任何人际关系的处理都需要靠说话的技巧来协调，任何专业知识的发挥都需要靠说话的艺术来实现。家庭中，同妻子、丈夫、父母、孩子必须进行交流；职场上，每个人每一天和同事、领导难免有话要说；情场上，要靠语言来博取欢心、化解矛盾；社交时，想增进友谊、联络客户必须发挥语言的魅力……一句恰如其分的话可以改变一个人的命运，一句不合时宜的话可以毁掉一个人的一生。

　　言为心声，杰出的口才不是天生的，若想把话说出水平，说得有意思，说得有创意并不容易，而要做到口吐莲花、能言善辩、巧舌如簧、打动人心，更非一日之功。说话的艺术，体现一个人的内涵、素质。一个说话讲究艺术魅力、讲究技巧的人，常常是说理切、举事赅、择辞精、喻世明；轻重有度、褒贬有节，进退有余地、游刃有空间。否则，即便伶牙俐齿，也未必是会说话的人。说话的艺术，体现了一种文化的机敏和智慧。中国智慧崇尚含蓄，讲究和谐和中庸之道，在语言表达上也是如此。不懂通达的做人智慧，说话就会没分寸，即使是赞扬的话，别人也充耳不闻；掌握圆润的处世之道，才会在面对不同的场合、不同的时机、不同的对象时，说出恰当的话。

鉴于此，我们编写了《精准表达：把话说到点子上》。认真阅读本书，你会发现，中国的说话之道就是这么有学问。希望本书能让你轻松面对尴尬，获取提升机会，扩大交际范围，说好想说的话，说好难说的话，提高说话技巧，改变一生命运。

目 录
CONTENTS

第 1 章
言之有礼，舌尖上的礼节

1

第 2 章
把握时机，何时说重于说什么

第 3 章
轻松开局，斟酌好开场白

第4章
"甜言蜜语"，夸就夸到人心坎

第5章
伶牙俐齿，日常交往中必学的应酬话

第 6 章
对症下药，让别人心悦诚服的说服术

第 7 章
笑融僵局，获得好人缘必备的幽默话

第 8 章
合理拒绝，让人心服口服的拒绝技巧

第 9 章
恰如其分，让对方心悦诚服的批评秘籍

言之有礼，
舌尖上的礼节

第1章

记住"二次熟人"的名字

当你一开口就叫出别人的名字时，便表现出了对他人的尊重，这有利于进一步交流沟通。

在这个复杂的世界上，没有什么比关心别人更让人感动的事情了。而关心别人的前提，是先了解别人。这是一种交往的需要，在这样做的时候，也会发展一种能力。

拿破仑便是一个很好的例子。他能叫出手下全部军官的名字。他喜欢在军营中走动，遇见某个军官时，就叫他的名字跟他打招呼，谈论这名军官参与过的某场战斗或军事调动。他经常询问士兵的家乡和家庭情况。这让每个军官都对他忠心耿耿。

善于记住别人的姓名是一种礼貌，也是一种感情投资，在人际交往中会起到意想不到的效果。

美国一家电器公司的董事长请公司的代理商和经销商吃饭，他私下让秘书按座位把每位来宾的名字依次写下。这样董事长在饭桌上与每位老板交谈时都能随口叫出他们的名字，这使得每个人都惊讶不已，生意也顺利地谈成了。

其实，世界上天生就能记住别人的名字的人并不多见，大多数人能做到这一点全靠有意培养。当你养成了这个好习惯时，你便能在人际关系和社会活动中占有很大优势。

名字对于每个人来说都有着非常重要的意义。如果你记住别人的名字，这样很可能会使他觉得自己比较受重视，说不定你还可以从记住一个人的名字这样的小事里把握难得的机遇。

有一所著名的学校招聘教师，要通过试讲从几名应聘者中选出一名。几名应试者都做了精心的准备。

上课的铃声响了，一个个试讲者分别微笑着走上讲台。其中，有一个试讲者为了避免满堂灌，他也效仿前面几位试讲者的做法，设计了几次课堂提问，但效果却很一般。下课时，比较自己与前面几名试讲者的效果，他觉得自己会输。

可是意想不到的事情发生了，第二天他接到被录用的通知，惊喜之余，他问校长为什么选中了他。校长语重心长地对他说："说实话，论那节课的精彩程度，你还稍逊一筹，不过在课堂提问时，你叫的是学生的名字，而其他人叫他们的学号。我们怎么能录用一个不愿意去了解和尊重学生的教师呢？"

在现代社会中，人与人之间的交往日益频繁，我们经常会碰到这样的事：两个人见面，其中一个人认识另一个人，而对方却早已忘记他姓甚名谁。发生这样的情况，不礼貌倒还是小事，若是赶上紧要场合，因小失大也不是没有可能。

有些人天生记忆力好，看书、阅人均过目不忘，有些人记忆力差一些，但若把这作为不礼貌的理由，也未免有些牵强。

也许，有人会认为这是小题大做，但不可否认的是要求被尊重、被承认是每个人发自内心的真诚愿望。当你使对方有被尊重的感觉时，你便能获得对方的好感，而你所做的也只不过是记住一个人的名字而已。

多说体贴别人的话

善于交际的人在交谈中懂得给别人留情面，有时候还会巧装糊涂，体贴别人，给对方一个台阶下。

李女士想买双鞋，但一个下午都没挑到满意的，批评意见倒提了不少。

最后，李女士干脆请售货员找来老板，当着许多顾客的面滔滔不绝地说一些如"这双鞋的后跟太高了""我不喜欢这种皮料""你们的服务态度真不好，我选了一下午的鞋子，居然没有一个人过来帮我出点儿主意"之类的牢骚话。

那位老板就像一名听话的小学生一样，一直站在旁边听她发表"高论"，一声都没有吭。直到李女士说完，老板才缓缓地说："对不起，请您等一会儿。"然后便走到鞋架旁，拿出一双鞋摆在李女士面前说："我想这双鞋最能衬托您的气质。"

李女士半信半疑地将鞋穿上，结果不但大小合适，而且颜色、样式都令她十分满意。

于是李女士满意地说："这双鞋好像是专门为我定做的一样。"最后高高兴兴地付账离开。

做生意，人们都知道秉持"顾客至上"的信条。一般而言，无论顾客说什么，你都不可以反驳，除非顾客有侮辱你人格的地方，否则你就应该像那位鞋店老板一样听她说话，然后再发表你的意见。这位鞋店老板十分懂得顾客的这种心理，也知道用什么话"攻"她的心。

因此，遇到这类不讲理或专门找麻烦的人，不妨学着鞋店老板"顺水推舟"，而不要发脾气或没耐心地应付。

一位外宾吃完最后一道菜，顺手把制作精美的景泰蓝食筷"插入"自己的口袋。

这时，一位服务小姐看到了。但她并没有当场给顾客难堪，而是不露声色地迎上去，双手捧着一只装有景泰蓝食筷的绸面小匣说："先生，我发现您在用餐时，对景泰蓝食筷颇为喜爱。非常感谢您对这种精细工艺品的赏识，为了表达我们的感谢之情，经经理同意，我们把这双图案最精美的景泰蓝食筷赠送给您，并按优惠价记在您的账上，您看好吗？"

善于交际的人在交谈中懂得给别人留情面，有时候还会巧装糊涂，给对方一个台阶下。因为他们知道，含蓄的言语比犀利的话语更能打动对方的心，从而让对方"软化"。

给人面子，不要咄咄逼人

与人交往，要懂得给人留情面，即使自己有理，也不要咄咄逼人。

失败的人常犯的毛病是自以为是，逮到机会就大发宏论，把别人批评得脸一阵红一阵白，自己则大呼痛快。其实，这样做最终会让自己吃苦头。事实上，给人面子并不难。尤其是一些无关紧要的事，你更要学会给人面子。

宋朝宰相韩琦在带兵期间，有一天晚上批阅公文到夜深。那位为他举烛的卫兵实在太困了，不小心将韩琦的头发烧掉一绺。韩琦只是摸了摸头发，一言未发，继续批阅公文。过了一会儿，他抬头一看发现卫兵换了人，才意识到刚才那个卫兵已被卫队长责罚了。他忙走出去，对卫队长说："他已经知道怎样拿蜡烛了，不要惩罚他。"还好言安慰那位卫兵。

还有一次，韩琦宴请下级官吏喝酒，并拿出一个玉杯请大家欣赏。这对玉杯价值连城，韩琦十分珍视。不料，一位下级官员喝醉了，不小心将玉杯碰落在地。这位官员吓得酒都醒了，跪在地上连称"死罪"。谁知，韩琦只是淡淡地说："大凡宝物，该有它时它就来了，不该有它时它就走了。天数如此，这不是你的错。"经此一事，朝中上下无不传颂韩琦的度量。

稍加留意，我们就会发现，越是地位崇高的人，越是谦虚待人，处处照顾别人的面子。

与人交往，一定要学会照顾别人的情面，千万不要咄咄逼人。咄咄逼人只会让人厌恶，并使人产生刻薄的印象。没有人愿意跟刻薄的人交往。

学会尊重，私底下指出别人的缺点

在别人的某些缺点比较严重时，我们应该以私下谈心的方式委婉指出，急风暴雨不如和风细雨，当场训斥不如私下平心静气、施以爱心。

每一个人都难免有缺点，并且可能在不同的场合表现出某种缺点来，破坏气氛。面对这种情况怎么办？是当场指出别人的缺点，还是先忍下，等到私底下再指出来？作为讨人喜欢的说话方式，私下指出应该是面对别人缺点采取行动的第一步。但有的人却常常要么容忍别人的缺点，要么就直接对外宣扬，让别人下不来台。这里的教训实在值得我们思考。

做人要拥有一颗宽容的心。"金无足赤，人无完人。"记得有位专家说过，不要苛求别人的完美，宽容让你自己不断完美起来。在别人的某些缺点比较严重时，我们应该以私下谈心的方式委婉指出，急风暴雨不如和风细雨，当场训斥不如私下平心静气、施以爱心。只有我们拥有了一颗宽容的心，别人才能感受到我们的真诚，在我们指出他们缺点的时候才能心悦诚服地接受。

在朋友之间，指出缺点总是要担负点伤和气的风险的，但作为朋友应该承担这种风险。风险有大有小，关键是用的方法适当与否。从小处说，就是在私底下指出别人的缺点。人总是要讲点面子的，指出缺点更应该顾及对方的面子，说话尽可能婉转一些，尤其不要当众给朋友生硬"挑刺"。即使在私下场合指出缺点和错误，也应充分考虑如何让对方愉快地接受。最好先聊聊其他事情，以便在沟通感情、融洽气氛的基础上再婉转地指出问题。

指出缺点更多时候是发生在角色地位并不平等的人之间，比如上司对下属，老师对学生。这些情况下可以公开指出缺点吗？当然不应该，照样应该维护下属和学生的面子。

当员工违背明确的规章制度时，当然应当众指出其过错，在让他认识到缺点错误的同时，也可对其他人起到警示作用。假如员工在工作上出现小小的失误，而且不是有意的行为，可在私下为其指出来，或以含蓄、暗示的方式使其意识到自己的缺点。这样既能维护他的面子，又能达到帮助他改正缺点的目的。要时常反问自己："处理这件事最合乎人性的方法是什么?"当员工把事情弄糟了，有的领导者则会把犯错误的员工当着其他员工甚至是这个员工的下属的面一通训斥。而人性化的领导者会在私下里跟员工谈心，指出缺点，并且帮助他们找出适当的方法去做好事情，并且会肯定他们已经做得很好的部分，以免让这些员工丧失信心。

所以作为上司，假如下属真的表现出了比较严重的缺点，一般应私下单独找他谈话，指出来。引导他今后如何正确处理类似的问题及注意事项，避免再犯同样的错误。只有这样，下属有问题才愿找上司反映或沟通谈心。这样一来就会在员工中树立一个良好的形象。

作为老师，对学生的缺点也要讲策略。

刘老师班上有个女生很优秀，一段时间看到别人比自己成绩好，心里有些不平衡。刘老师通过网上聊天工具和她聊天，直言不讳。这个女生很感激，情绪理顺了。对其他有缺点的学生，刘老师也尽量采取类似方法。"刘老师照顾我们的面子，我们也尽力改正。"一位教育专家这样评价刘老师：刘老师这样做是讲策略，育人工程最艰辛，关键要用心!

有一次，刘老师经过教室，听到一位同学用脏话骂老师，他装作没听见，事后私下把那个同学请到办公室，告诉他老师已经听到他说的那句话，但不想当着全班人来批评他，是为了尊重他。这样他很诚恳地承认了错误并向老师道歉，后来他变得很有礼貌了。试想，如果刘老师当时走进教室狠批他一顿，不但自己下不了台，而且有可能换来学生第二次更难听的脏话。

所以，尊重别人，在私底下指出其缺点，既是对别人的尊重，也会赢得别人对你的尊重。

用谦虚的态度和人说话

有许多真正伟大的人物，总是很谦虚地请别人评判自己的意见，因而获得别人的赞同。

中国人自古以来视谦虚为美德，虽然有人将其视为"虚伪"，但不谦虚的人还是很难获得大家一致认同的。我们心里可以很自信，多数时候还是要谦虚一些，尤其是要用谦虚的态度和人说话。对此，一定要注意以下几点：

首先，不目空一切、居功自傲。

有的人做出一点儿成绩、取得一点儿进步，就飘飘然起来。跟谁说话都趾高气扬，到处夸耀自己。

小杨是一家广告公司的职员，他设计的一个平面广告作品获得了一项大奖，经理在员工会上好好表扬了他一番，并让他升任主管。小杨认为自己是个人物了，从此以"专家"自居。一次，经理接到一个平面设计任务，请小杨来评价评价。小杨唾沫飞溅地说了半个小时，设计被批得体无完肤，最后结论是应该返工重来。经理对这个设计本来比较满意，听了小杨的话极不高兴，从此疏远了他。

又过了两年，公司里另一个职员小石也得了广告大奖。他吸取了小杨的教训，说话非常谦虚，态度和善，很得大家喜欢。

其次，要适当使用敬语。

敬语能表现说话者对对方的态度。因此，对听话者来说，可以根据对话是否使用敬语，了解对话人把自己置于什么地位。例如，科长想请新职员去喝酒，叫道："你也来吧！"如果职员回答"好，去。"会怎样呢？科长会认为新职员不知道对上司应使用的语言，看低了自己，内心是不会平静的。这样一来，科长就会用另一种眼光看他。由于没有使用敬语，招致对方改变对自己的态度，日后关系将会变得微妙。

常常听到有人说"近年来年轻人连敬语的使用方法都不知道，真可气"，这就是虽然本人没有恶意，但由于没有使用适当、确切的敬语，致使人与人之间的关系产生了误会的明证。

与其相反，使用适当的敬语，双方不仅能正常地保持人际关系，还会提高别人对你的评价。特别是对女职员来说，更是如此。有人说："适当的时候，使用适当的敬语对女性来说，是语言之美的至高境界。"的确是这样。想想看，与前述相同的场面，如果对于"你也来吧！"回答说："好，一定参加。"就会使人多少有些美感。心目中对上司抱着什么态度，从语言中大体可以看出来。这种语言的运用，可以协调上级与下属、年长者与年轻者之间的关系，使听的人感到舒服。因为那种语言会使人感觉到有教养，感情丰富，教育得好。

最后，要请人评判自己的意见。

我们可以看到，有许多真正伟大的人物，总是很谦虚地请别人评判自己的意见，因而获得别人的赞同。以谦虚的态度表示独特的见解，对别人信任我们的意见及计划都很有效；我们知道多数成功的领袖，常常应用这个策略。

不过有时也需要争辩。比如两个喜欢辩论的朋友，经过一次辩论，也许对于双方都是有益而愉快的。美国威尔逊总统曾经对鲍克接连问了一小时的问题，使得他不得不拥护在他自己看来绝对相反的意见。但到了末了，威尔逊使鲍克感到吃惊的是他告诉鲍克，他已经改变了主意，他已经醒悟了，而从另外一个观点去观察这个问题。鲍克非常吃惊，从此对威尔逊更加敬重了。这种策略，可以当作能够引起友爱的一种方式，但不可说是常例。

总之，别人可能在种种方面与我们意见不一致，这是可以预料的事情，但如果认为和他争辩之后，还能请他来评判一下自己的意见，他就会认为你是个谦虚的人，而对你的印象更为良好。

谦卑，铲除人际交往中的有害病症

中国有句俗话"树大招风"，如果你什么事都要占尽优势，很可能会招致对方的忌妒，有时还可能在无意中伤害了对方，时间一长，难免造成孤家寡人的局面。

在日常生活中与朋友交往，尤其是和一些地位与处境不如你的人交往，你内心是否会滋生一种居高临下的感觉？如果有，你应该及时铲除人际交往中的这种有害病症。

富兰克林是美国的政治家、科学家、《独立宣言》的起草人之一。他在美利坚合众国创建时，曾留下了许多功绩，故有"美国之父"之称。

有一次，富兰克林到一位前辈家拜访，当他准备从小门进入时，因为小门低了些，他的头被狠狠地撞了一下。

出来迎接的前辈告诉富兰克林："很痛吧！可是，这将是你今天来拜访我的最大收获。要想平安无事地生活在世上，就必须时时记得低头。这也是我要教你的事情，做人要保持低调。"

从此以后，富兰克林记住这句话，并把"低调做人"引入人生的生活准则之中。其实，喜欢炫耀自己、锋芒毕露的人大多是有一定才华的人，他们不甘寂寞，常在言语行动上争强好胜。但是，中国有句俗话"树大招风"，如果你什么事都要占尽优势，很可能会招致对方的忌妒，有时还可能在无意中伤害了对方，时间一长，难免造成孤家寡人的局面。所以即使才华横溢，也不要到处炫耀，逞一时之快。

生活中，有些人总喜欢在别人面前炫耀自己的得意之事，总以为这样就会让朋友高看自己，使别人敬佩自己。殊不知，别人并不愿意听你的得意之事。特别是失意的人，你在他面前炫耀自己的得意之事，他会更恼火，甚至讨厌你。

一次，有人约了几个朋友来家里吃饭，这些朋友彼此都很熟悉。主人把他们聚拢来主要是想借着热闹的气氛，让一位目前正陷入低潮的朋友心情好一些。

这位朋友不久前因经营不善，关闭了一家公司，妻子也因为不堪生活的压力，正与他谈离婚的事，内外交迫，他实在痛苦极了。

来吃饭的朋友都知道这位朋友目前的遭遇，大家都避免去谈与事业有关的事，可是其中一位姓吴的朋友因为目前赚了很多钱，几杯酒下肚，忍不住就开始谈他的赚钱本领和花钱功夫，那种得意的神情，连主人看了都有些不舒服。

那位失意的朋友低头不语，脸色非常难看，一会儿上厕所，一会儿去洗脸，后来他猛喝了一杯酒，就匆匆离开了。主人送他出去，在巷口，他愤愤地说："老吴会赚钱也不必那么神气地炫耀啊！"

主人了解他的心情，因为多年前他也遇过低潮，正风光的亲戚在他面前炫耀薪水、年终奖金，那种感受，就如同把针一根根插在心上一般，说有多难受就有多难受。

如果你不想失去朋友，就要时刻保持低调、谦逊的风度，如果你不想让有真知灼见的朋友对你避而远之，最好不要过于炫耀自己。要记住，喜欢炫耀只会令你失去的越来越多。

礼尚往来不可说错的祝福语

逢年过节我们都要送礼，如果送礼时能够辅助一些恰当的祝福语，那么我们所送的礼将更有分量。

中华民族是一个礼仪之邦，送礼对中国人来说是一件再平常不过的事情了。但是，送礼是有讲究的，送礼的时候也要说对话。在与人交往时，赠送他人一些小礼物，既能营造出和谐的气氛，又显示出对他人的尊敬之情。

朋友过生日、结婚、设宴请客，主人邀请你参加时，都应备些适宜的、有纪念意义的小礼品。朋友的生日，送上一束鲜花，或是其他象征友谊天长地久的礼品，或是生动有趣的小工艺品等，会使他感到分外高兴，因为这些小礼品代表了你的祝福而显得格外珍贵。

在送礼物时，应了解对方的生活习惯、喜好、心理特点。这样就可以避免因送错礼物而引起的尴尬。

送的礼物，并不一定以价值的高低作为标准，只要能够让主人高兴就好。

具有特色的礼物则是很好的礼物，因为人人对新鲜事物总是有一种向往之情。

送礼是讲究方法与技巧的。送的方法得当，会皆大欢喜；送得不好，让人挡回，触了霉头，定会堵心数日。所以，只有巧妙掌握送礼的技巧，才能把整个送礼过程画上一个圆满的句号。

1. 锦上添花

小李受老师恩惠颇多，一直想报答老师，却没有机会。一天，他偶尔发现老师红木镜框中的字画竟是一幅拓片，跟屋里雅致的陈设不太协调。正好，他的叔父是全国小有名气的书法家，家里正有叔父赠的字画。小李马上把字画拿来，主动放到镜框里。老师不但没反对，而且喜爱非常。

2. 移花接木

老张有事委托小刘去办，想送点儿礼物疏通一下，可是又怕小刘拒绝驳了自己的面子。老张的爱人与小刘的对象很熟，老张便让夫人帮助，让爱人带礼物去拜访，对方礼也收了，事也办了，两全其美。

3. 借花献佛

如果你送的是土特产品，就可以说是老家捎来的。一般来说，对方会收下你的礼物的。

4. 暗度陈仓

如果你送给朋友的是酒一类的东西，不妨避谈"送"字，就说是别人送你两瓶酒，自己今天来是和朋友对饮共酌，请他准备点儿菜。这样喝一瓶送一瓶，礼也送了，关系也近了，还不露痕迹，岂不妙哉。

5. 异曲同工

有时送礼并不一定自己花钱去买，在某种情况下人情也是一种礼物。比如，你能买到出口转内销、出厂价、批发价、优惠价的东西，当你为朋友同事买了这些东西后，他们已将你的那份"人情"当作礼物收下了。

维护朋友的自尊心，留住友谊

你给朋友面子，朋友自然也会回报你，如果你有什么事需要朋友帮忙，朋友也会鼎力相助。

很多人认为，朋友之间可以毫无顾忌，想说什么就说什么。而实际上，越是要好的朋友，越应该维护对方的面子，说话办事时不要伤害朋友的自尊心，这样，你们的友情才能长久。

陈文进公司不到两年就坐上了部门经理的位置，但是有个别下属不服他，有的甚至公开和他作对，他从小玩到大的朋友钱诚就是其中的一位。自从陈文做了部门经理之后，钱诚经常迟到，一周5天，他甚至有4天迟到。按公司规定，迟到半小时就按旷工一天算，是要扣工资的。问题是，钱诚每次迟到都在半小时之内，所以无法按公司的规定进行处罚。陈文知道自己必须采取办法制止钱诚这种行为，但又不能让矛盾加深。

陈文把钱诚叫到办公室："你最近总是来得比较迟，是不是有什么困难？""没有啊，堵车又不是我能控制的事情，再说我并没有违反公司的规定呀。""我没别的意思，你不要多心。"陈文明显感觉到了对方的敌意。

"如果经理没什么事，我就出去做事了。"

"等等，钱诚，你家住在体育馆附近吧？"

"是啊。"钱诚疑惑地看着对方。

"那正好，我家也在那个方向，以后你早上在体育馆东门等我，我开车上班可以顺便带你一起来公司。"

没想到陈文说的是这事，钱诚反而有些不好意思，喃喃地说："不，不用了……你是经理，这样做不太合适。"

"没关系，我们是朋友啊，帮这个忙是应该的。"

陈文的话让钱诚脸上突然觉得发烧，人家陈文虽然当了经理，还能平等地看待自己，而自己的这种消极行为，实在是不应该。事后，钱诚虽然还是谢绝了陈文的好意，但他此后再也不迟到了。

知道你的朋友做错了，直接提建议很可能会伤及他的面子，同时会破坏你们的友谊，不如学学陈文的做法，迂回指出缺点错误。

朋友相交，一定要学会维护对方的面子。你给朋友面子，朋友自然也会回报你，如果你有什么事需要朋友帮忙，朋友也会鼎力相助。

见什么人，说什么话

想要受到大家的爱戴与尊敬，就一定要学会：见什么人，说什么话。

只有了解了对方，才能知道下一步该做什么，该有怎样的准备。那么，何谓见什么人，说什么话呢？每个人都有每个人的特点与性情，同样，每个人也有每个人说话的原则与不能触碰的底线，如果你不能学会见什么样的人，说什么样的话，而是，对每个人都是用同一种套路，那么不论是在生活上还是职场上，你都不会是很吃得开的那种人。

接下来就让我们一起来看看下面例子中的主人公在谈话上又是犯了什么样的错误呢？

米粒是一家销售保健药品的业务员，主要负责销售一些什么减肥药、增高药、维生素之类的保健品，因为工作需要，米粒不得不多一些地打开自己的交际圈，去外面认识接触更多的朋友，这样才能推销出更多的保健品，使得自己的业绩不至于在公司排名最差。

这一天，米粒经一好姐妹儿的介绍，认识了某知名企业的财务经理，米粒心里估摸着，要是能和她处好了关系，没准能多买我几套保健品呢，于是，便把这名财务经理约到了咖啡厅一起聊天。

"王姐啊，最近怎么样，工作累不累啊？可一定要注意身体呢。"

"还好，还好，不怎么忙。"财务经理回答道。

"要不，我免费送你几款保养品吧，吃了保准对气色好呢。"米粒赶紧提到自己的保健品。

"很有作用吗，说得我倒挺动心的呢。"

"有用有用，吃了我们的保养品，那小皮肤绝对水灵灵的，到时候你老公绝对都不带看其他女的一眼的，天天盯着你看。"米粒越说越来劲，正要从包里拿出自己早已准备好的保健品。结果这位财务经理却说了这样一句话："行了，别拿了，我想起来了，我还有事，先走了。"说着财务经理就转身离开了咖啡厅，连给米粒说再见的机会都没有。例子中的主人公米粒此时很是纳闷，不知道自己究竟哪句话惹到了王姐的不开心，于是立马给自己的好姐们儿打了个电话，将聊天的全部内容原原本本地告诉了这位好姐妹儿，想让她一起帮着分析分析，结果自己的好姐妹们儿却告诉了这么一个真相："米粒啊米粒，你约她出去怎么也不跟我说一声呢，我好多告诉你一些事情，让你加深对她的了解啊，你是不知道，王姐和她老公最近刚离婚，她老公就是被一个年轻小姑娘给勾搭走的，你真可是说到了她的死穴啊。"

听到了这种答案的米粒，相当的懊悔，真不该这么着急地先下手，要是能先了解一下对方，就该知道什么话能说什么话不能说了，此时的米粒特别的郁闷。

那么，看完这个小例子的朋友们，有没有什么收获呢，其实，在我们的生活中，也有很多人，不管三七二十一，不管对方是什么样的人，上去就侃侃而谈，想要与对方熟络起来，有些时候把对方惹生气了，或是说了一些对方不感兴趣、厌烦的事情，自己还浑然不知呢，所以，要懂得见什么样的人，说什么样的话，是非常重要而语言学习之道。

记住，不同人群，说话方式要因人而异，见什么样的人，说什么样的话。

**把握时机，
何时说重于说什么**

第 2 章

看准机会再说话

说话的时机非常重要，说好了，可以事半功倍，说不好，恐怕反而会搬石头砸自己的脚。

孔子在《论语·季氏》里说："言未及之而言，谓之躁；言及之而不言，谓之隐；未见颜色而言，谓之瞽。"这句话有 3 层意思：

一是不该说话的时候说了，叫作急躁；

二是应该说话的时候却不说，叫作隐瞒；

三是不看对方的脸色变化，贸然信口开河，叫作盲目。

这 3 种毛病都是没有把握说话的时机，没有注意说话的策略和技巧。因为说话是双方的交流，不是一个人单方面的行为，它要受到诸如说话对象、设定时间、周边环境种种限制，所以说话要把握时机。如果该说的时候不说，时境转瞬即逝，便失去了成功的机会。同样地，如不顾说话对象的心态，不注意周边的环境气氛，不到说话的火候却抢着说，很可能引起对方的误解，甚至反感。如果信口开河，乱说一通，后果就更加严重。

把握说话时机非常重要，这个过程需要充分的耐心，也需要积极进行准备，等待条件成熟，但绝不是坐视不动。《淮南子·道应》云："事者应变而动，变生于时，故知时者无常行。"安陵君的过人之处，便在于他有充分的耐心，等待楚王欢欣而又伤感的那个时刻。此时，动情表白，感人肺腑，愉悦君心，终于受封，保住了长久的荣华富贵。

插话要找准时机

插话是有讲究的。不引起别人的厌烦并使对方也感兴趣，促使交谈能够进行下去，是插话的高级水平。

在别人说话时，我们不能只听到一半或只听一句就装出自己明白的样子。我们提倡在听别人说话时，要不时做出反应，如附和几句"是的"等话语，这样既让说者知道你在听他说，又让他感觉你在尊重他，使他对你产生浓厚的兴趣。

但是，万事都有所忌，都要把握分寸。许多人过分相信自己的理解和判断能力，往往不等别人把话说完就中途插嘴，这种急躁的态度很容易造成损失，不仅容易弄错了对方说话的意图，还有失礼貌。当然，在别人说话时一言不发也不好，对方说到关键的时刻，你若只看着对方，而不说话，对方会感到很尴尬，他会以为没有说清楚而继续说下去。

还有不少人在倾听别人说话时表现得唯唯诺诺的样子，哼哼哈哈，好像什么都听进去了，可等到别人说完，他却又问道："很抱歉，你刚才说了什么？"这种态度，对于说话者来说是有失礼节的事。

所以说，即使你真的没听懂，或听漏了一两句，也千万别在对方说话途中突然提出问题，必须等到他把话说完，再提出："很抱歉！刚才中间有一两句你说的是……吗？"如果你是在对方谈话中打断，问："等等，你刚才这句话能不能再重复一遍？"这样，会使对方有一种受到命令或指示的感觉，显然，对方对你的印象就没那么好了。

听人说话，务必有始有终。但是能做到这一点的人并不多。有些人往往因为疑惑对方所讲的内容，便脱口而出："这话不太好吧！"或因不满意对方的意见而提出自己的见解，甚至当对方有些停顿时，抢着说："你要说的是不是这样……"这时，由于你的插话，很可能打断了他的思路，使他忘了要讲些什么。

人人都有这样的经验：有时，同某人在一起，说话很愉快；有时同某人在一起，感到很烦，本来很感兴趣的话题却不想谈下去。究其原因，主要是因为对方说话不讨人喜欢，该问的问，不该问的也问，所以让我们觉得厌烦。说话要讲究轻重、曲直，更要有个眼力见儿，知道哪些话该说哪些不该说，哪些该问哪些不该问。

问题是展开话题的钥匙。所以说话有眼力见儿就要做到问话要讨人喜欢。

有些问题，当你得不到满意的答复时，是可以继续问下去的，但有一些问题就不宜再问。

比方说你问对方住在哪里，他如果只说地区而不说具体地址，你就不宜再问在几路几号。如果他愿意让你知道的话，他一定会自动详细说明的，而且还会补充上一句，邀请你去坐坐，否则便是不想让别人知道，你也不必再追问了。举一反三，其他诸如此类的问题，如年龄、收入等也一样不宜追问，以免引起对方不快。

不可问对方同行的营业情况。同行相忌，这是一般人的毛病。因为他回答你时，若不是对其同行过于谦逊的赞扬，便是恶意的诋毁。在一个人面前提及另外一个和他站在对立地位的人或物总是不明智的。

此外，在日常交际中，不可问及别人衣饰的价钱；不可问女子的年龄；不可问别人的收入；不可详问别人的家世；不可问别人用钱的方法；不可问别人工作的秘密，如化学品的制造方法等。

凡别人不知道或不愿意让人知道的事情都应避免询问。问话的目的在于引起双方的兴趣，而不是使任何一方没趣。若能让答者起劲，同时也能增加你的见识，那是使用问话的最高本领。

一位社交家说："倘若我不能在任何一个见面的人那里学到一点儿东西，那就是我处世的失败。"

这句话很发人深省，因为虚怀若谷的人，往往是受人欢迎的。记住，问话不仅能打开对方的话匣，而且你也可以从中增益学问。

该说话时就说话

虽说倾听非常重要，但在该表达的时候，一定要表达。时机转瞬即逝，错过了，可能就不会再有那么好的机会了。

沉默是金，并不是说要一味沉默不语；掌握时机，该说话的时候就不要沉默。比如父母为鸡毛蒜皮的小事吵得不可开交，这时你可以保持沉默，如果他们各自的怒火都平息下来了，陷入双方互不理睬的僵局时，保持沉默就不是明智之举了，这时你就应该说些劝解话，让他们重归于好。又比如，领导遇到尴尬情况了，就需要你站出来为领导打圆场，同事有矛盾了，需要你开口化干戈为玉帛，等等。掌握说话时机，该说话时就说话，才能让你为人处世更游刃有余。

该说话时就说话，不该说话时就千万别开口，以免遭灭顶之灾。这里就有一个有趣的小故事可以说明此理：

阴曹地府，正见阎罗王升堂问事。有几个鬼抬上一个人，说："这人在阳世，干尽了缺德事。"

阎王命令道："用500亿万斤柴火烧煮。"牛头鬼上来押解。那人私下里探头问牛头鬼："你既然主管牢狱，为啥穿着这么破烂的豹皮裤子呀？"牛头鬼说："阴间没有豹皮，如果阳间有人焚化才能得到。"那人立即说："我舅家专门打猎，这种皮子多着呢。如果你肯怜悯我，减少些柴，我能够活着回去，定为你焚化10张豹皮。"牛头鬼大喜，答应减去"亿万"两字。烧煮时也只是形式而已。待那人将归时，牛头鬼叮嘱道："可千万不要忘了豹皮呀！"那人回头对牛头鬼说："我有一诗要赠送给你：牛头狱主要知闻，权在阎王不在君，减扣官柴犹自可，更求枉法豹子皮。"牛头鬼大怒，把他叉入滚沸的水锅里，并加添更多的柴煮了起来。

有些话如果没有到该说的时候说出来，无疑会让事情变糟。

所以，说话时千万要记住：掌握时机，该说话时再说话，该说时一定要说。

说话不可口无遮拦

口无遮拦看似天真烂漫，实际上却是不能体察别人的心情，体贴别人的感受，自己最终只能反受其害了。

与人说话要讲究方圆曲直，该说的说，不该说的就不要开口，可实际上，有的人说话口无遮拦，以致让自己陷入危险境地。

说话不可口无遮拦，要恰当地回避他人忌讳的东西，才能使双方的交流更为融洽。

朋友聚会，大家不免要开开玩笑，玩笑不伤大雅无妨，不有意无意揭人伤疤也无妨。这样可以使气氛更欢愉，彼此沉浸在往事的回忆中，倒是一种乐趣。然而，有时不该说的说了，就会使气氛骤变，若是有朋友携好友或恋人同往，情况还会更糟。

小张长得高大魁梧，在大学校园内有"恋爱专家"的雅号。如今他是一家外资公司的高级职员。英俊的长相和丰厚的薪水使他在众多的女孩中选择了貌若天仙的小丽作为女友。也许是为了炫耀自己的能耐，小张带着小丽去参加朋友聚会。

就在大家天南海北闲谈的时候，同学老王转了话题，谈起了大学校园罗曼蒂克的爱情故事，故事的主人公自然是"恋爱专家"小张。老王眉飞色舞地讲述小张如何引得众多女生投怀送抱，又如何在花前月下与女生卿卿我我。小丽起先还觉得新奇，但越听越不是味，终于拂袖而去。小张只好撇下朋友去追小丽。

老王并不是有意要揭小张的伤疤，而他追忆的往事确实是使小丽耳不忍闻，无端造出了乱子。这不仅使小张要费不少周折去挽回即将失去的爱情，而且使在场的人心里也不愉快。

总之，无论在什么场合，什么情况下都要把握说话分寸，尽量做到该说的说，不该说的就不说，尽量创造一个和谐的氛围。

转个弯儿说话

直肠子，说话不会拐弯，会让人难以接受。换个方式表达自己的意见，有利于对方接受，也能保全自己。

在某些特定的场合，如果把话说得太直、太透，可能会引起对方的不满，或者对自己产生不利的影响，但意思又不能不表达。这时，如果采用"借他人之言，传我腹中之事"的方法，借用一个并不在场的第三个人之口说出，便可以弱化对方的不满和对我方的不利影响。这种方法就是近话远说。

近话远说能够人为地拉开话题与现场之间的距离，给双方留下一个缓冲带。

说话转个弯儿，在表达了自己的意见的同时，也为自己留了条后路。

对于不宜直言的问题，绕个弯儿说话，有时会让自己化险为夷，不信看下面这个例子：

我国古时候，有一个县官很喜欢附庸风雅，尽管画术不佳，但画画的兴致很高。他画的虎不像虎，反而像猫。并且，他每画完一幅画，都要在厅堂内展出示众，让众人评说。大家只能说好话，不能说不好听的话，否则，就要遭受惩罚，轻则挨打，重则投入监牢。

有一天，县官又完成了一幅"虎"画，悬挂在厅堂，召集全体衙役来欣赏。

县官得意地说："各位瞧瞧，本官画的虎如何？"

众人低头不语。县官见无人附和，就点了一个人说："你来说说看。"

那人战战兢兢地说："老爷，我有点儿怕。"

县官："怕，怕什么？别怕，有老爷我在此，怕什么？"

那人："老爷，你也怕。"

县官："什么？老爷我也怕。那是什么，快说！"

那人："怕天子。老爷，你是天子之臣，当然怕天子呀！"

县官："对，老爷怕天子，可天子什么也不怕呀！"

那人："不，天子怕天！"

县官："天子是天老爷的儿子，怕天，有道理。好！天老爷又怕什么？"

那人："怕云。云会遮天。"

县官："云又怕什么？"

那人："怕风。"

县官："风又怕什么？"

那人："怕墙。"

县官："墙怕什么？"

那人："墙怕老鼠。老鼠会打洞。"

县官："那么，老鼠又怕什么呢？"

那人："老鼠最怕它！"来人指了指墙上的画。

被点名的差役没有直接说县太爷画的虎像猫，而是绕着弯说话。让县官在众人面前保住了脸面，又让自己避免了一场灾难。

顺水推舟巧应对

逆水行舟，困难重重，而顺水推舟，则能借助水势，完成自己的目的。说话也同样如此。

在和别人交往时，如果遇到不宜直说，但又不得不说的情况时，采用顺水推舟的说话技巧不失为一种好的解决问题的办法。所谓顺水推舟，就是借助别人先造成的"势"，然后就此一"推"，便顺顺当当地将问题解决了。

下面有这样一个例子：

武则天当政时，天下禁屠。御史娄师德视察陕州，一次吃饭时，厨人端上了肉。娄师德便问："已经禁屠了，哪来的羊肉？"厨人回道："豺咬杀羊。"看来娄大人口福不浅，知道他大驾光临，便有狼咬死羊，足见厨师训练有素，其主人教导有方。禁也没有破，肉也有得吃，这"水"是够"顺"的了。不消说，只需轻轻一推，自然会"轻舟已过万重山"。无怪娄师德夸奖"豺大解事"，其实是地方官解事呀。过一会儿又端上鱼丸子，娄问："何来鱼？"许是事先培训不到家，厨人回曰："豺咬杀鱼。"师德叱道："智短汉，何不说獭咬杀鱼？"其实他也心知肚明，只是不愿说破罢了。

有时运用顺水推舟的说话方式，既可以保全别人的面子，又能让自己减少不必要的损失。

把握好说话曲直的分寸，在遇到难以解决的境况时，你也不妨采用一下顺水推舟的说话技巧。

点到为止

狠敲猛打，把话说绝，未必能达到自己的目的。说话，要有点到为止的技巧。

事情有缓急，说话有轻重。有些人在日常交际中，对问题缺乏理智，不考虑后果，一时性起，说话没轻没重，以致说了一些既伤害他人，也不利自己的话。

有一对夫妻吵架，两人唇枪舌剑，各不相让，最后丈夫指着妻子厉声说："你真懒，衣服不洗，碗也不刷，你以为你是千金小姐呢，什么都不会，脾气还挺大，要你有什么用。"妻子一气之下，跟丈夫冷战了好几天，谁也不理谁。

这样的例子在日常生活中屡见不鲜。这类说"过"了、说"绝"了的话，虽然有一些是言不由衷的气话，但是对方听来，却很伤心，故常常引起争吵、嫉恨，甚至反目成仇。俗话说"过火饭不要吃，过头话不要说""话不要说绝，路不要走绝"，正是对上述不良谈吐的告诫。

如果听话人是一个非常明白事理的人，你说的话就不必太重，蜻蜓点水，点到即止，一点即透，因为对方就像一面灵通的"响鼓"，鼓槌轻轻一点，就能产生明确的反应。对这样的人，你何必用语言的鼓槌狠狠地擂他呢？

赵明是工厂的一名班组长，最近他的班组调来一个名叫王楠的人，别人对王楠的评语是：时常迟到，工作不努力，以自我为中心，喜欢早退。过去的班长对王楠都束手无策。第一天上班，王楠就迟到了5

分钟，中午又早5分钟离开班组去吃饭，下班铃声响前的10分钟，他已准备好下班，次日也一样。赵明观察了一段时间，发现王楠缺乏时间观念，但工作效率却极佳，而且成品优良，在质管部门都能顺利通过。于是，赵明对王楠微笑着说："如果你时间观念和你的工作效率同样优秀，那么你将成为一个完美的人。"以后赵明每天都跟王楠说这句话。时间久了，王楠反而觉得过意不去了，心想：过去的班长可能早就对我大发雷霆了，至少会斥责几句，但现在的班长毫无动静。

感到不安的王楠，终于决定在第三周星期一准时上班，站在门口的赵明看到他，便以更愉快的语气和他打招呼，然后对换上工作服的王楠说："谢谢你今天能准时上班，我一直期待这一天，这段日子以来你的成绩很好，如果你发挥潜力，一定会得优良奖。"

赵明对待王楠的迟到，没有采取喋喋不休的方式批评，而是点到为止，让其自动改正错误。

小宋是一位小学语文教师，他不满某些社会现象，爱发牢骚，甚至在课堂教学中有时也甩开教学内容，大发其牢骚。很显然，他缺乏教师这个角色应有的心理意识。校长了解这种情况后，与他进行了一次交谈。校长说："你对某些社会不良风气反感，对教师经济待遇低表示不满，这是可以理解的。心中有气，尽管对我发吧，但是请你千万不能在课堂上发牢骚。少年的心灵本是纯真幼稚的，他们对有些事缺乏完全的了解和认识，你与其发牢骚，何不把那份精力用来给学生讲讲如何振兴祖国？这才是一个称职的教师应该做的。"听了校长这一番语重心长的话，小宋认识到当教师确实不能随意把这种牢骚满腹的心理状态表现出来，不然，对学生会产生不良的影响。从此以后，再也没有听说他在课堂上发牢骚了。

同样，校长如果不把握说话的轻重，直接说："你这样做是缺乏修养的表现，不配做一个教师。"那么结果又会怎样呢？

说话要把握轻重，点到为止，给人留住面子，才能起到说话的原本目的。

发生冲突时切忌失去理智

冲突容易使人冲动，冲动容易使人失去理智，说出不该说的话。面对矛盾和冲突，保持冷静至关重要。

人与人之间难免因某种原因产生摩擦，这时，如果把话说得过重，就会使矛盾激化，相反，如果压制自己的情绪，则会让事情平息下来。

日本一位得过直木奖的作家藤本义一先生，是位颇为知名的人。

一次，他的女儿超过了晚上时限10点钟，于12点方才带醉而归，开门的藤本夫人自是破口训斥了一顿，之后还说："总而言之，你还是得向父亲道个歉。"

顿时，她也清醒了不少，感到似乎大难就要临头了，于是便怯怯地走向父亲的卧房，面色凝重的父亲却只说了句："你这混蛋！"之后便愤然离去，留下了无言的女儿独自在黑暗中。

虽然只是一句话，但却深深刺痛了她的心，然而晚归之事，自此便不再发生。

为人父母者都有责备孩子的经验，多半也了解孩子可能有的反抗心，所以要他们反省是相当困难的。通常会以一句："你是怎么搞的，我已经说过多少次……"想让他们了解并且反省，此时他们若有反抗的举止，父母又会加一句："你这是什么态度?！"然后说教更是没完。

如此愈是责骂，反抗心便愈是高涨，愈是希望他们反省，愈得不到效果，于是情况就会变得更糟，但藤本先生的这种做法，使他女儿的反抗心根本无从发泄，反而转变为反省的心。

因藤本夫人的一顿训斥，已足够引起女儿的反抗心，但藤本先生却巧妙地将它压抑住，反而使女儿的内心感到十分歉疚，因为父亲的一句"混蛋"，实胜过许多无谓的责骂，她除了感激，实在无话可说。压制自己的情绪，在遇到愤怒的事情时，切勿失去理智，口不择言。通常有些"过头话"是在感情激动时脱口而出的：人们为了战胜对手，往往夸大其词，着意渲染，"攻其一点，不及其余"，甚至使用污言秽语。如夫妻吵架时，丈夫在火头上说："我一辈子也不想见到你！"这话显然是气话、"过头话"，是感情冲动状态下的过激之言。事过之后，冷静下来，又会追悔莫及。所以，在情绪激动时，要特别注意控制，切莫"怒不择言"，出语伤人。同时，因为双方有矛盾，说话就难免很冲、带刺，如果你也采取同样的态度回击，则积怨更深，最好的办法就是避其锋芒。钢刀砍在石头上，肯定会溅起火星，如果钢刀砍在棉花上，则软而无力。对方一定不会再强硬下去。历史上廉颇与蔺相如"将相和"的故事，告诉我们的就是在与有误解或隔阂的人相处时，应避其锋芒，不要硬碰硬，不说过头话，使用的语气不要咄咄逼人，如果一方能主动示弱，便有利于矛盾的化解。

简单否定或肯定他人不可取

评价他人时要格外慎重，凭个人喜好简单地否定或肯定都不可取。看人要全面，如果做不到，起码可以保持沉默，不要妄言。

对他人的评价是最为敏感的事情，应格外慎重。尤其是对自己不喜欢的人做否定性评价时，更应注意公正、客观，不要言辞过激，最好少使用"限制性"词语。如果某下属办糟了一件事，在批评时，某领导说："你呀，从来没办过一件漂亮事！"这话就说得过于绝对，对方肯定难以接受。如果这样批评："在这件事上，我要批评你，你考虑得很不周到！"这样有限度的批评，对方就会心服口服，低头认错。因此，对他人做肯定或否定性评价时，要注意使用必要的限制性词语，以便对评价的范围做准确的界定，恰当地反映事物的性质、状态和发展程度。只否定那些应该否定的东西，千万不要不分青红皂白，简单地"一言以蔽之"。

妙语精言，不以多为贵。领导者在批评下属的过错时，经常要用听起来简单明了、浅显易懂，实际上含义深刻、耐人寻味的语言，使出现过错的人经过思考，便能从中得到批评的信息，并很快醒悟，接受批评，改正过错，吸取教训，不断前进。

1959 年，因水利工作取得了较大成绩，水利电力部在密云水库附近建立了一座水利展览馆。周恩来总理听说后，就问水利电力部负责人有没有这件事，当周恩来听说确有其事时，他摇摇头，只说了一句话："没想到你们会做这样的事。"一石激起千层浪。周恩来总理这句言近旨远的话，不正是对有关负责人的批评吗？所以当时有关负责同志就感到辜负了周恩来总理的一贯教导，内心非常沉痛。以后尽管检讨了这件事，并把水利展览馆移交给其他单位改做研究所。但是每当想起周恩来总理这句话，想起周恩来当时微带失望和痛心的神情，有关负责同志内心总是十分沉痛。他们表示绝不忘周恩来总理的批评教育，一定要永葆艰苦朴素的革命本色。

拿不准的问题不要武断

人人都有盲点和局限，对于拿不准的问题，不要匆匆下结论。妄断的后果，正是暴露了自己的无知。

一般人并不怕听反对自己的意见，不过人人都愿意自己用脑筋去考虑一下各种问题。对于自己未必相信的事情，都愿意多听一听，多看一看，然后再下判断。

为了给别人考虑的余地，你要尽量缓冲你的判断结论。把你的判断限制一下，声明这只是个人的看法，或者是亲眼看到的事实，因为可能别人跟你有不尽相同的经验。

除去极少数的特殊事情外，日常交往中，你最好能避免用类似这样的语句来说明你的看法。如"绝对是这样的""全部是这样的"，或者"总是这样的"。你可以说"有些是这样的"，"有时是这样的"，甚至你可以说"大多数人都是这样的"。

凡是对自己没有亲历，或不了解的事实，或存有疑点的问题发表看法时，要注意选择恰当的限制性词语，准确地表达。如说："仅从已掌握的情况来看，我认为……""如果情况是这样的话，我认为……""这仅仅是个人的意见，不一定正确……"这些说法都给发言做了必要的限制，不但较为客观，而且随着掌握的新情况的增多，有进一步发表意见，或纠正自己原来看法的余地，较为主动。

有时是因事实尚未搞清，有时是因涉及面广，或者自己不明就里，都不宜说过头话，而应借助委婉、含蓄、隐蔽、暗喻的策略方式，由此及彼，用弦外之音，巧妙表达本意，揭示批评内容，让人自己思考和领悟，使这种批评达到"藏颖词间，锋露于外"的效果。例如，可以通过列举和分析现实中他人的是非，暗喻其错误；通过列举分析历史人物是非，烘托其错误；也可通过分析正确的事物，比较其错误等。此外，还可采用多种暗示法，如故事暗示法，用生动的形象增强感染力；笑话暗示法，既有幽默感，又使人不尴尬；轶闻暗示法，通过轶闻趣事，使他听批评时，即使受到点影射，也易于接受。总之，通过提供多角度、多内容的比较，使人反思领悟，从而自觉愉快地接受你的意见，改正错误。

受到攻击时，沉默是最好的方法

沉默往往有巨大的力量，比表达更能反击别人。

雄辩如银，沉默是金。在我们的生活中，有些时候确实是沉默胜于雄辩。与得体的语言一样，恰到好处的沉默也是一种语言艺术，运用好了常会收到"此时无声胜有声"的效果。

假如我们在生活中遇到个别强词夺理、无理辩三分或者出言不逊、恶语伤人的人，与之争辩是非或是反唇相讥，往往只能招来他们变本加厉地胡搅蛮缠。对付这种人的最好办法往往不是以眼还眼，以牙还牙，而是保持沉默。这种无言的回敬常使他们理屈词穷，无地自容，正如鲁迅先生所说：沉默是最好的反抗。

国外某名牌大学，曾发生过老师和校长反目的情形，该校校长遭到许多老师的围攻。当时，也有一群学生冲进校长的研究室，对他提出各种质问。但是，无论教师说什么，这位校长始终不开口，双方僵持了几个小时后，教师们终于无可奈何地走了。

这位校长保持沉默，实际上也是一种反抗，同时又给对方一种高深莫测的感觉，从而造成心理上的压迫感。由此看来，"沉默是金"

确有一定道理。

当对方出于不良动机，对你进行人身攻击，并且造谣诽谤时，如果予以辩驳反击，又难以分清是非，这时运用轻蔑性沉默便可显示出锐利的锋芒。你只需置之不理，就足以把对方置于尴尬的境地。

某单位有两个采购员，田宁因超额完成任务而受奖，郑伟却因没尽力而被罚。但郑伟认识不到自己的问题，反而说三道四。在一次公众场合，他含沙射影地说："哼，不光彩的奖励白给我也不要！有酒有烟我还留着自己用哩，孝敬上司那一套，咱没有学会！"

田宁明白这是在骂自己，不免怒火顿升，本想把话顶回去，可是转念一想觉得如果和他争吵，对方肯定会胡搅蛮缠，反而助长其气焰。于是他强压怒火，对着郑伟轻蔑地冷笑一声，以不值一驳的神色摇了摇头，转身离去，把郑伟晾在一边。

郑伟的脸红一阵白一阵的，窘极了。

众人也哄笑道："没有完成任务还咬什么人，没劲！"至此，郑伟已经无地自容。

在这里，田宁的轻蔑性沉默产生的批驳力比之用语言反驳，显得更为有力、得体，更能穿心透骨。这也许是对付无理挑衅的最有效的反击武器。

有些人在遇到麻烦的时候，常常喋喋不休，唠叨不止，殊不知这样正好暴露了自己的弱点。处在尴尬情况下，与其聒噪不停，甚至说错话，倒不如保持沉默。

沉默像乐曲中的休止符，它不仅是声音上的空白，更是内容的延伸与升华。它是一种无声的特殊语言，是一种不用动口的口才。

别人论己时切莫打断

听到谈论自己，就急于辩白和更正，是不理智的。

在大多数场合下，注意聆听别人的谈话非常重要。当听到别人谈论自己的时候，很多人容易犯这样一个错误：一旦别人谈到自己时，尤其是不利于自己的情况时，往往会打断别人，进行争论。其实，这是最不明智之举。

伊里亚·爱伦堡的长篇小说《暴风雨》出版后，在社会上引起震动，褒贬不一，莫衷一是。某报主编不知从哪里得到了斯大林对《暴风雨》的看法——认为此书是"水杯里的暴风雨"。

为了讨好领导，主编就组织编辑部人员讨论这部小说，以表示该报的政治敏锐性和高度的警惕性，表明该报鲜明的立场。

讨论进行了数小时，发言人提出不少批评意见。由于主编的诱导，每篇发言言辞都辛辣而尖刻，如果批评成立的话，都足以让作家坐几年牢。可是在场的爱伦堡极为平静，他听着大家的发言，显出令人吃惊的无动于衷的态度，这使与会者无法忍受，纷纷要爱伦堡发言，并要求他从思想深处批判自己的错误。

在大家的再三督促下，爱伦堡只好发言。他说："我很感谢各位对鄙人小说产生这么大的兴趣，感谢大家的批评意见。这部小说出版后，我收到不少来信，这些来信中的评价与诸位的评价不完全一致。这里有封电报，内容如下：'我怀着极大兴趣读了您的《暴风雨》，祝贺您取得了这么大的成就。——约瑟夫·斯大林。'"

主编的脸色很难看，以最快的速度离开会场，那些批判很尖刻的评委们，都抱头鼠窜了。爱伦堡轻轻地摇摇头："都怨我，这么过早的发言，害得大家不能再发言了。"

爱伦堡的聪明在于，如果他据理反驳，必能激起同仁们更加尖锐的批评，这种场合，最明智的做法就是保持沉默，褒贬随人。

沉默的力量是无边的，它可以帮你说服反对你的人，让你向成功迈进。所以我们要学会沉默，学会在别人论己时保持沉默。

说话看时机，不能喧宾夺主

不同的场所有不同的环境，这就决定了你该怎么说话。清晰地界定自己在某一个场合的位置是十分有必要的，切忌主客倒置，反客为主。

智者选择时机，愚者不择时机。凡是聪明机灵的人总会选择在合适的时机出手行动，而那些愚笨的人则会不管不问，不看时机。

在酒足饭饱后，国王问大臣："你们说，世界上什么最难？"其中一名大臣站起来回答道："世界上说话最难。"大臣没有说出来的隐含的意思是说话最难，尤其是和国王说话最难。其实，说话时只要选择好时机，交流就会变得很容易。

有一次，墨子的一个学生子禽问墨子："老师，您认为多说话有好处吗？"

墨子回答说："你看那生活在水边的蛤蟆、青蛙，还有逐臭不已的苍蝇，它们不分白昼黑夜，总是叫个不停，以此来显示自己的存在。可是，它们即使叫得口干舌燥、疲惫不堪，也没有人会注意它们到底在叫什么，人们对这些声音早已是充耳不闻了。现在你再来看看这司晨的雄鸡，它只是在每天黎明到来的时候按时啼叫，然而，雄鸡一唱天下白，天地都要为之震动，人人闻鸡起舞，纷纷开始新一天的劳作。两相对比，你以为多说话能有什么好处呢？只有准确把握说话的时机和火候，努力把话说到点子上，这样才能引起人们的注意，收到预想的效果啊！"

子禽听了墨子的这番教诲，非常赞同，频频点头称是。

在我们的现实生活中，有很多人都是不顾时间、地点与场合，整日喋喋不休，废话连篇。许多人都知道，决定一个人事业成功的主要因素是情商，而不是以前我们理解的智商。而情商的高低从他说话中的称谓就可以看得出来。情商低的人，总是喜欢把"我"字放在前边，这会给别人一种以自我为中心的印象，这样的人往往是令人厌烦的；而情商高的人，却总是记得把"您"字放在前边，以显示自己对别人的尊敬，这样的人则多是受人欢迎，获得的好感也是连绵不断。

李世民和魏征为后人称道，两人合谱一段君臣佳话。魏征以"犯颜直谏"闻名于世，李世民以"知人善用"青史留名。魏征死后，李世民哀悼说"朕从此失去了一面明镜"。魏征每每在李世民"误入歧途"时，及时出言"敲醒"他，要求李世民要以朝廷社稷为重，著名的《谏太宗十思疏》正是很好的佐证。历史上闻名的"贞观之治"少不了李世民的励精图治，少不了魏征"敢于直言"。所以，说话不仅仅是学问、艺术或是技巧，也应该算是一种生产力。为什么说话是生产力呢？是因为说话可以激发他人正面的精神力量，促使其觉醒，促使其奋斗，这样就推动了生产的发展、社会的进步。

现实中，想要别人乐意接受你的建议，那你也需要把握好说话的时机，不然，你的好意见就要付诸流水了，你在别人心目中的形象也毁于一旦了。选择良机，恰当表达，则能够带来事半功倍的效果。假如不择时机地提意见，结果只能是适得其反，自取其辱。说任何话都要经过大脑的理性思考，不是什么场合或什么时候都可以提出来的。应该表达的话或意见，也有一个时机的问题。

如果正确的意见用尖酸的、刻薄的、愤怒的、憎恶的语气表达给别人，那么你就休想让别人听进去你的意见了。因为对方所注意的焦点不在你的意见正确与否上了，他正在思考如何反击你的话语或者尽可能地侮辱你，因为你的话已经刺伤了他的自尊，你的话已经让他在众人面前抬不起头来。你的话还想要达到目的，这可能吗？

孔圣人说过："可与言而不与之言，失人。不可与言而与之言，失言。知者不失人，亦不失言。"

轻松开局，
斟酌好开场白

第 3 章

开场白要注重场合

说话要因人因事而异，在不同的场合，开场白要根据不同的人和事来说，只有这样，你的开场白才不会引起别人的反感，才能使得你的话题顺利地进行下去。

现代社会，人与人之间的交流日益频繁，相互了解、彼此合作都需要用语言来表达。如果你说话随便，不看场合，说出不合时宜的话，就会造成难堪，甚至会伤害别人。

老王是一位工作了几十年的老教师，他工作勤勤恳恳、任劳任怨。退休那天，学校为他和另一位曾多次荣获"先进"的老同志一并举行了一个欢送会。与会同志和领导对他们的工作和为人进行了得体的肯定和赞扬，相比之下，对那位曾多次荣获"先进"的老同志的美誉就显得多了一些。当轮到两位退休老同志致答谢词的时候，他们对大家的赞誉做了深情的感谢。一时间，会场里充满了令人动情的温馨气氛。然而，老王却并未就此打住，而是做了颇为欠妥的发挥："说到先进，很遗憾，我从来也没有得过一次……"话音还未落，坐在他对面的、平日与他相处得不是很融洽的一位青年教师突然抢了话头："不，都是我们不好，不是因为你没资格当先进，是因为我们没有提你的名。"冷不防被人将了一军，老王一时语塞，会场被一种尴尬的气氛包围。一位领导见势不对，马上接过话茬，想把气氛缓和一下。按照常理，这个时候他应避开"先进"这个敏感的话题，转而谈论其他事情。然而，他却反反复复劝慰老王对"先进"的问题不要太在意，说没有评过先进，并不等于不够先进，先进不仅在名义，更要看事实等。一席话，把本应避而不谈的话题又做了重复和引申，使局面显得更为尴尬。

这个故事说明，开场白不仅要看对象，还要注意场合。

小王是一家保险公司的业务员，工作一年多了，他每个季度的业绩都排在最后一位，无论怎么努力都无济于事。有一天，小王向主管求教，于是主管让他带着自己一起去找客户。他们来到了一处高级社区，小王敲开一扇门，开门的是个家庭主妇。

小王向对方推荐人身财产保险："太太，你的丈夫是个整天飞来飞去的生意人，俗话说"人有旦夕祸福"，天灾人祸是躲不过的，买这个意外伤害保险可以让你免除后顾之忧，即使你丈夫出了事，也会有大笔的赔偿金。"

"你这个人怎么这么说话呢！"主妇颇有些恼怒地说，"你简直是在诅咒我的丈夫！请你出去，我不买什么保险！"主管目睹这一切后，对小王语重心长地说："你触犯了人家的忌讳，当然不可能推销成功。"后来，主管带着小王来到另一家，迎接他们的仍然是位家庭主妇。主管并没有马上谈及保险的事情，而是和那位主妇随意地聊天，在聊到一家之主的时候，主管"无意"中说起最近常发生的空难，感叹人生无常。这话题引起了主妇的共鸣，感叹那些失去亲人家庭的不幸。主管说："虽然失去亲人的痛苦是用金钱弥补不回来的，可是钱至少能让人心里有一点儿安慰，我也是个经常在外面跑的人，所以买了保险，希望万一出事的时候，让家人不至于因为我的意外影响了正常生活，即使我真的出事了，心里也多少有点儿安慰。"主管的话让主妇心里很有感触，她表示每次丈夫外出自己都很担心。不等主管提出买保险的事，这个主妇就主动表示要为全家人购买保险。

这笔生意做成之后，主管告诉小王，要根据不同的对象说不同的话，话要投机，否则不仅做不成生意，还很容易得罪他人。

在不同的场合，面对着不同的人、不同的事，从不同的目的出发，就应该用不同的方式说出不同的开场白，这样才能顺利进行下面的话题，收到理想的谈话效果。否则，你再能言善辩，别人不买你的账也是白搭。

开场白贵在真诚，拒绝过度寒暄

开场白的态度很重要。真诚的开场白会在无形中拉近彼此之间的距离，而过度的、不适当的寒暄则可能引起对方的反感，拉远彼此间的距离。

在"寒暄"这个词中，"寒"是寒冷的意思，"暄"是温暖的意思，合起来，就是问寒问暖。我们进行谈话的目的是沟通情感，增加双方的交流。初次见面者，或朋友很久未见难免要寒暄几句，以示礼貌和关心。寒暄是交谈的润滑剂，它能在两个人的谈话之间架起一座友谊的桥梁，是人际交往中必不可少的一部分。

有时候，我们与人见面，往往陷入无话可说的尴尬场面。这时我们不妨以一些寒暄语为开头，比如"天气似乎热了点儿"或者"最近忙些什么呢"等。虽然这些寒暄语大部分并不重要，然而，正是这些话才使初次见面者免于尴尬的境地。以下几种方式可供参考：

可以从天气说起。愉悦的态度会给他人留下良好的第一印象。从无关的天气谈起容易拉近两人的距离。

可以询问对方的工作进展、身体状况等。例如：这一阵工作忙吗？快毕业了吧？

可以从对方的行为谈起。例如：看到对方下班，可以问一句"下班啦"。

寒暄可以视作是交谈的准备活动，作为"暖场"出现。适当的寒暄可以帮助我们拉近彼此间的距离。寒暄不宜过长，创造出交流的气氛即可。在开场白中，我们一定要避免过度的寒暄，以免对方因过多的客套话而觉得你对他不真诚，从而拉大与你的距离。

那么，怎样寒暄才能产生积极的效果呢？寒暄并没有什么固定的模式，可视具体的交谈对象和交谈环境而定。我们可大致归纳为几点：

1. 要保持积极姿态

在与别人相遇的瞬间，要迅速培养自己的愉快情绪，要争取主动，充分体现自己的良好愿望和真诚态度，要使对方感觉到你的问候是发自内心的，要使对方从你的言行反应中感觉到自己的存在，使其受人尊重的心理需要得到完全满足。同时，积极的姿态也是富有自信、易于合作的外在体现，这有利于融洽人际关系。交谈时语调要和缓、声音要洪亮，要面带微笑。

2. 注意力要集中

在开场白中与人寒暄，要集中注意力，任何漫不经心的言行都会使对方感到被人轻视。

小刘与小乔是机关同一科室的同事。一天，小乔夫妇逛商场巧遇小刘，小乔把丈夫小张介绍给小刘。短暂的握手介绍后，小刘本来想再谈几句以表示自己的友好态度，可小乔的丈夫却左顾右盼同小乔谈些闲话，将小刘"晾"在了一边。这使小刘感到很尴尬，心中很不愉快，觉得小张实在太没礼貌了，一下对小张失去了好感。假如小张在握手之后，再继续同小刘聊几句，小刘就不会有这种想法产生了。

3. 内容要适当

与陌生人见面后的4分钟内，最好做一般性的寒暄（如问候、互通姓名），谈论一些无关紧要的话题，应绝对避免使对方感到尴尬、触及对方隐痛、引发对方不愉快的回忆及易于引起争议的话题，也不可漫无边际。

小宁最近刚刚离婚，情绪很低落，下班途中遇到了同事小丽和她丈夫。小丽的丈夫在小丽介绍完小宁后脱口说道："啊，你就是刚刚离婚的那个啊，这么好的人怎么你丈夫不珍惜呢？"本来小丽的丈夫是想夸赞小宁，但初次见面就触及痛处，让对方尴尬。

寒暄的内容还要根据对方的心情而定。比如对方家里刚发生不愉快的事，你从其面部表情上就可以分析出来，因此，在此时开场白，声音就不要太大，语言不要太热情，要低八度，或用询问式的语言，同时用安慰的语气来招呼。如果对方脸上喜气洋洋，你便可热情地开场，使对方感到温暖，进而展开话题。

男士和女士见面寒暄，语言可热情一些，但要适度，不能过分开玩笑，使对方感到你太轻薄。

寒暄言语的长短、内容的繁简、往复的次数多少，要与交谈双方关系的亲密程度成正比。

4. 要注意场合、时间、季节

如果在公众场合经介绍结识新朋友，应礼貌地寒暄，注意不要打扰周围的人，避免大声喧哗。过于夸张，大呼小叫，是一种无礼行为。此外，在比较正式的场合，言行举止不宜过于随便，更不要用"口头语"。

在图书馆里，大家都在看书，室内很安静，有两个女青年一同走进来，迎面遇到了另一位女士，介绍结束，只听一位女士高声说："哈，原来她经常念叨的兰子就是你呀，今天才认识，你可真漂亮啊！"周围的人大都皱着眉头，投去厌恶的目光。可见这样的寒暄是多么不合适。

寒暄还要因地而异，不能千篇一律，只要稍加留意周围的环境，就可即性发挥。如在校园，可以说："您是去上课吗？"或"下课了。"在书店可以说："您也来买书吗？"还可从季节的角度来确定寒暄的内容，如："天很凉，感觉到冷吗？""您好，外面很冷吧！"这样寒暄方式让初次见面的人感到热情、亲切、温暖。与众多陌生人打交道，不要只看着一位，而应面带微笑，眼睛环视大家，应带"你们""两（几）位"的字样，以免冷落其他人。

总之，初次见面，寒暄要适度，既要热情亲切，又不宜阿谀奉承，要做到温和有礼。这样，才能使对方乐于接近你，从而产生与你交往的愿望。

第一次见面就打开人心扉的开场白

顾名思义，开场白开得不好就等于白开场。人与人见面讲究第一印象，俗话说："好的开始是成功的一半。"就是说开场白非常重要。

俄国大文学家高尔基说："最难的是开场白，就是第一句话，如同在音乐上一样，全曲的音调，都是它给予的。平常却又得花好长时间去寻找。"高尔基的这段话包含两层意思：第一，第一句话至关重要，它的作用如同音乐的"定调"，规定着"全曲"的基本面貌和基本风格。第二，适当的第一句话不是那么容易找到的，它是长期积累和斟酌钻研的结果。

开场白应达到3大目的：一是拉近距离，二是建立信任，三是引起兴趣。而这3点之中，最重要的就是第一点。只有与对方的距离拉近了，才能顺利地与对方建立信任，引起对方的兴趣。不要小看这短短的开场白，它将决定此后你所说的每一句话的命运。听者将根据你给他留下的第一印象来决定是否耐心并真诚地聆听你后面所说的话。因此，只有开场白以其新颖、奇趣或敏慧之美让对方走进你的话语世界，才能引起对方的注意，从而为接下来要说的话搭梯架桥。

开场白虽然没有千篇一律的固定格式，但是你却可以根据具体的情况去选择合理模式设计一个开场白。

1. 问句开场白

一些有经验的演讲者都会选择在演讲开始的时候先提出一个问

题，使听众按照他的思路去思考问题，同时产生一种想知道答案的欲望，听众的精力自然就被集中了。我们进行开场白的时候也可以效仿那些演讲者，以问句作为开始。这样就可以立刻抓住对方的注意力，让对方紧跟你的话语本身，无法逃脱你话语的"魔掌"。

但有一点要注意的是，我们提出的问题要恰到好处，不宜过多，达到抛砖引玉的目的即可，否则只会适得其反。

2. 以小故事作为开场白

为开场白准备的小故事，可以是寓言，也可以是引人发笑的小笑话，但一定要做到吸引对方且与自己的话题相关。

引人发笑的故事本身就具备引起人兴趣的魔力，如果运用得当，将是非常好的开场白。但是如果你没有幽默的禀赋，以一副严肃的面孔讲幽默故事，是收不到预期效果的；如果对方听不懂你的幽默，效果将更加糟糕。

大多数情况下，只要这个故事有具体的时间、地点、人物与故事情节，并且与你要讲的主要内容相契合，那么这个小故事就已经合格，具备吸引对方的特征。

3. 赞美式的开场白

人人需要赞美，人人也都喜欢赞美。因此当你做开场白的时候，就可以用上这一招。对听者家乡的自然风光、悠久历史、传统风貌等表达自己的敬佩之意，或对当地人的善良勤劳由衷地赞颂，这样，可以引发对方的自豪感，满足其自尊心，从而引起对方的共鸣，拉近你们彼此之间的距离。

顾林爱写作，脑子总是处于"工作"状态，尽琢磨些写文章的事，显得很深沉。在一个会议上，某君对顾林说道："你的口才棒极了，上次那个联欢会，你的唐诗朗诵很有中央人民广播电台著名播音员的风采啊！"顾林听了这样的话，备受鼓舞，对此君感到特别亲切，两个人虽然是第一次见面，但很快就成了无话不谈的朋友。

4. 以感激作为开场白

贝尔那·科弟埃是"空中汽车"制造公司的著名销售专家。当他被推荐到"空中汽车"公司时，面临的第一项挑战就是向印度销售汽车。这是件棘手的任务，因为这笔交易在印度政府初审并未被批准，能否重新寻找到成功的机会，全靠销售员的谈判本领了。

作为特派的谈判专家，科弟埃深知肩上的重任，他稍作准备就飞赴新德里。接待他的是印航主席拉尔少将。科弟埃到印度后，对他的谈判对手讲的第一句话是："正因为您，使我有机会在我生日这一天又回到了我的出生地。"

这是一句非常得体的开场白，它简明扼要，但内涵却极为丰富。它表达了好几层意思，感谢主人慷慨赐予的机会，让他在自己生日这个值得纪念的日子来到贵国，而且富有意义的是，这里是他的出生地。这个开场白拉近了科弟埃与拉尔少将的距离。不用说，科弟埃的印度之行取得了成功。

5. 引用名言警句的开场白

一般来说，名人都是大家耳熟能详的，并且具有某种权威。许多人对名人都会产生一种崇拜感。所以，开始进行对话的时候，不妨引用名人名言作为自己的开场白。这样，你的整段话自然而然会产生一种吸引力，引发对方的兴趣。

6. 借助物品进行开场白

俗话说"口说无凭"，如果在你进行谈话时，还有一件物品作为陪衬的话，那么你的这段话语就更具说服力。

有一次，卡耐基在一所学校发表演讲，他别出心裁地拿出几根头发展示给听众。接着卡耐基问听众："你们都知道头发是长在头上的，但这几根为什么掉下来了呢？"一句话引起了听众的注意力，开始专心致志地等待卡耐基的演讲。卡耐基接着说："这就是烦恼的作用。如此乌黑的头发长在头上是多么漂亮，可是它却无可奈何地离开了养育它的'土地'。我们为什么要烦恼呢？"

卡耐基仅仅用了几根头发，就给他的听众留下了深刻的印象。

因此，用物品作为开场白的辅助工具是有一定作用的。但要注意的是，一定要找与你的话题内容相关，有助于你表达的物品。

三言两语，给陌生人最好的第一印象

第一印象在人际交往中有着极为重要的意义，因此，我们要想方设法地给对方留下一个美好的第一印象。

当你来到一个陌生的环境，与素不相识的人初次见面，必定会给对方留下某种印象。这就是我们通常所说的"第一印象"。从第一印象所获得的主要是关于对方的表情、姿态、仪表、服饰、语言、眼神等方面的印象。它虽然零碎、肤浅，却非常重要。因为，在先入为主的心理影响下，第一印象往往能对人的认知产生关键作用。研究表明，初次见面的最初4分钟，是印象形成的关键期。

那么，怎样才能给他人留下美好的第一印象呢？从根本上说，它离不开提高自己的文明程度和修养水平，离不开进行经常的心理锻炼。心理学家提出下面几条建议：

1. 千万别表现出咄咄逼人的气势

和陌生人第一次见面的时候，一定要表现得谦和一点儿，低调一点儿。

有一个叫李佳的年轻姑娘，她为了搞一个奥运会竞猜活动去一个企业联系赞助事宜，一进门就看到一个影视明星坐在那里。李佳跟主人没说几句，这位明星就插嘴，大发议论，结果给李佳和同去的人留下很坏的印象。

2. 尽早弄清对方的名字

一般情况下，即将见什么人，你自己是比较清楚的。在这种情况下一定要准备好，别的可以不知道，对方的名字一定要弄清楚。我们经常在电影或者电视里看到高级领导人面对一群士兵，居然能叫出其中几个人的名字。这样一来，他给士兵的第一印象就一定是正面的。

对我们一般人来讲也是如此。如果你见到一个人，能叫出对方的名字，人家一定是非常高兴的，高兴的背后则是一种积极的印象。

3. 脸上常带微笑

很多人都知道，眼睛是心灵的窗户；微笑的核心是眼睛，真正的微笑会通过眼睛到达心灵。发自内心的微笑不但会给他人留下美好的印象，还会让自己显得风度翩翩、魅力十足。与之相反，还有这样一种人，他们不论何时见到谁，总是面沉似水。要知道，人与人交往本是高兴的事情，谁也不愿意给自己找不痛快。如果你总是心绪不佳，那么你注定了不会给他人留下什么好印象。

4. 请用眼神沟通

与陌生人第一次见面，特别是与异性第一次见面，千万不要老是盯着人家不放，否则很容易让人产生误解。不论是第一次见面，还是第二次、第三次，与他人面对面交谈，应该平视对方，也就是用眼神说话，这样会给对方留下十分强大的印象。

5. 杜绝无用动作

当你与别人见面时，一定要集中注意力，不要有什么小动作。如果你一边跟别人说话，一边做着各种各样的小动作，诸如挖耳朵、整理衣服，那说明你对别人缺少起码的尊重。如果真的有什么急事，需要打电话或者发短信，可以事先告诉对方，说一声"不好意思"。相信对方一定会理解这一点。

6. 保持积极态度

你与人交谈时的态度是可以说明很多问题的。谈论"第一印象"的人都强调拥有正确态度的重要性，可是很少有人真正明白积极态度对一个人的第一印象意味着什么。即使在特殊的情况下，你的积极态度也会对周围的人产生良好的影响。遇事冷静而不烦躁会给你加分。如果与你说话的人自始至终保持一种积极向上的态度，那么你也会觉得好感大增、信心百倍呢。

7. 主动跟对方打招呼

俗话说："一回生，二回熟。"对于陌生人来说，当你先开口跟对方打招呼时，也就意味着你将其置于一个较高的位置。以谦恭热情的态度去对待对方，一定能叩开交际的大门。如果你能用自信诚实的目光正视对方的眼睛，会给对方留下深刻的印象。

8. 报姓名时略加说明

记忆术中有一种被称为"记忆联合"的方法，这是一种把一件事与其他事连在一起的记忆方法。初次见面的人利用这种方法可以加深他人对你的印象。比如你姓张，便可说："我姓张，张飞的张，不是文章的章。"这样加以说明，对方会认可你的幽默风趣，也会更容易记住你。

9. 注意自己的表情

人心灵深处的想法都会形之于外，在表情上显露无遗。一般人在到达见面的场所时，往往只注意"领带正不正""头发乱不乱"等着装打扮方面的问题，却忽略了"表情"的重要性。如果你想给他人留下一个美好的第一印象，在见面之前不妨照照镜子，审慎地检查一下自己的面部表情是否跟平时不一样，如果过于紧张的话，最好先冲着镜中的自己笑一笑。

在这里需要提醒的是，万事万物贵在坚持，当你真正地坚持下去时，一定会发现意外的惊喜。

制造"一见如故"的感觉

交往之始，如果话说得好就能赢得陌生人的好感，进而更容易营造"一见如故"的氛围。

良好的第一印象是叩开交际大门的门票。第一句话说得好自然会拉近你们的距离。交往中的第一句话，绝不只是可有可无的寒暄，它将决定你们整个交往的感觉以及接下来互动的方向。所以，如果你想在后面的交往过程中如鱼得水，不妨先学着说好你的第一句话。

小金是上海一家文化传媒公司的经理秘书，负责接待从北京过来担任公司短期培训顾问的袁教授。在机场初次见面简单问好之后，小金说道："袁教授您肯定不常来上海，这几天我带您到几个著名的景点去逛逛，让您看看上海的新面貌……"袁教授表情冷淡地回应："不必了，我本身就是上海人，当初我在上海的时候你还没出生呢。"袁教授的反应出乎小金的意料，却又在情理之中。

小金本是好意，想要在初次见面时拉近双方的距离，营造出轻松、活跃的氛围，但她的第一句话拿捏得并不恰当，她的表达没有让袁教授感觉到应有的尊重和分寸。

试想一下，如果小金这样说，袁教授的反应还会跟之前一样吗："袁教授，您去过不少地方，见多识广，哪个城市给您留下的印象最深刻呢？不知道您对上海的评价怎样？您一路辛苦了，这几天的活动就交给我来安排吧……"显然，如果小金能在与袁教授初次见面时，运用更妥当的表达方式，接下来的接待过程将会顺利得多。

第一次见面时，双方还只是素不相识的陌生人，因此，整个互动实际上是一个敏感而充满疑虑、试探的过程，第一句话也就显得尤为重要：这是打消对方的疑虑，增进双方信任感和安全感的关键点。卡耐基说："良好的第一印象是登堂入室的门票。"这里的第一印象，常常被理解为相貌、服饰、举止、神态，却被忽略掉最重要的一点：你和对方所说的第一句话。交往中的第一句话，绝不只是可有可无的寒暄。如果想在后面的交往过程中如鱼得水，不妨先学着说好你的第一句话。

怎样才能说好交往中的第一句话呢？最重要的一点当然是选择合乎时宜的内容，而这是一个动态的过程，需要结合对方的身份、年龄、偏好以及你们之前的关系、当时所处的情境等方面综合考虑。有一些原则是通用的：首先你要带着真诚和热情开始你们的交流，你是否真心要建立起交流关系，在你开口说话之前就能通过你的眼神为对方所感知；其次是要以尊重和包容为前提，无论对方和你处于怎样的情境和关系，尊重是你开口说话时应该带有的最基本的感情基调。最后是要带着兴趣去观察对方的特点、偏好，这有助于你有针对性地选择话题的方向。你可以考虑通过以下3种方式找出你们的第一个话题：

1. 从对方的地域找话题

一个人的口音就是一张有声的名片。我们可以从口音本身及其提供的地域引起很多话题。例如，从乡音说到地域，从地域说到他家乡的风土人情、名胜古迹等。

2. 从有关的物件中找话题

例如，客户办公室放有杂志，就可以从杂志找到话题。还有一些物品是可以作为话题，用试探的口气来问的。比如，从询问对方拥有的某一产品的产地、价格等，以此为话题和对方搭讪，找到说话的机会。

3. 从对方的衣着穿戴上找话题

一个人的衣着、举止在一定的程度上可以反映出人的身份、地位和气质，同样可以作为你判断并选择话题的依据。比如，你所见的人开了一辆宝马车，手上戴了一块劳力士，你就可以主动问："如果我没有猜错的话您一定是位商界中的佼佼者！"一语即出，对方会有几分吃惊地说："你真是好眼力！"紧接着，很多与企业生产，经营有关的话题就可以谈了。即使你猜错了也不要紧，因为你把他看成企业家本身是高看他，对方心里也会高兴，并会礼貌地说出自己的真正身份。

另外，在开始交流时充分运用你的肢体语言，也会让你收到意想不到的效果。除了说话的内容以外，在这里，我们要推荐一些关于说话时的神情、动作、语气语调的有用的准则。

运用腹腔呼吸，不要用胸腔来呼吸，这样声音才会有力；

说话时把声调放低，这样听起来平稳、和谐，也更显得魅力十足；

多说"我行""我可以""我能做的""我会做好的"之类有信心的

话，你的感觉会变得更好，别人也会增加对你的信心；

说话时配合一些手势，眼睛看着对方，并面带微笑，这样可以增强语言的感染力。

另外，也有一些需要注意的方面，它们是在表达中绝对应该避免的：

说话吞吞吐吐，结结巴巴，总带有"嗯""啊""这个"之类的赘词；

在话语中间插入一些"你知不知道""我对你说"这样的话，这样便打断了话语的连贯性；

说话高声大叫，把气氛搞得很紧张；

说话像开机关枪，毫不停顿，结果弄得接不上气，令对方很难受；

说话时总喜欢带几个外语词，更严重的是中文外文一块说，让人觉得有些卖弄。

当你掌握了这些技巧后，就已经掌握了人际交往的主动权。

沟通伊始，恰当地称呼他人很重要

沟通伊始，恰当地称呼别人十分重要，一个恰当的称呼可以叫到别人的心坎里，让别人更容易接受你；而不恰当的称呼则可能让别人的心里不舒服，进而影响接下来的交往。

在社交中，称呼是必不可少的。在职场交往中，人们对称呼是否恰当十分敏感。尤其是初次交往，称呼往往影响交际的效果。有时因称呼不当会使交际双方发生感情上的障碍。不同时代、不同国家、不同地区、不同社会集团之间都有不同的称呼，但也有共同的称呼，如，太太、小姐、女士、先生。因此，你必须懂得恰当地称呼别人，这样别人才会感到舒服，进而增加双方的感情。

有一位善于交际的朋友，在很多场合他都能结识很多新人。他是怎么做的呢？他对比自己小的年轻人总是很亲切地直呼其名，并以亲如兄长般的态度赢得小弟、小妹们的尊敬与喜爱。即使在他住院期间，他也能与医务人员打成一片。他曾说："与人交往中，首先要学会恰当地称呼人，这样才能使人对你产生好印象。"

事实确实如此，就拿找人来说，你如果说："喂，总经理在哪里？"被问的人肯定不会理你。如果你礼貌地说："你好，请问王总去哪儿了？"那他则会很高兴地指点给你。

此外，在交往中，称呼还要合乎常规，要照顾到被称呼者的个人习惯，同时，还要注意入乡随俗。而根据场合，又可以分为工作中的称呼和生活中的称呼两种，在具体实践中各有不同。

在日常生活中，称呼应当亲切、自然、准确、合理。

在工作岗位上，人们彼此之间的称呼是有其特殊性的，应当庄重、正式、规范。

在工作中，最常用的称呼方法，就是以交往对象的职务相称，以强调其特殊身份及自己的敬意。比如："陈总（经理）""王处长"等。

对于具有职称者，尤其是具有高级、中级职称者，可以在工作中直接以其职称相称，如"侯教授""张工（程师）"等。而以头衔作为称呼，则能增加被称呼者的权威性，更加有助于增强现场的学术气氛，如"陈博士"等。

使用称呼还要注意主次关系及年龄特点。如果对多人称呼，应以先长后幼、先上后下、先疏后亲的顺序为宜。如在宴请宾客时，一般要按女士、先生、朋友们的顺序称呼，使用称呼时还要考虑心理因素。

用客气称呼的目的是使对方感到愉快。在有些场合，如果你适当地喊出对方的名字，更会使人感到亲切愉快。

找到与对方的共同点，用话题打破交谈的"瓶颈"

在谈话的过程中，如果能够找到双方兴趣的共同点，从共同点来进行交谈，那么你就会打破交谈的"瓶颈"，使得交谈更顺利地进行下去。

在谈话过程中，要想与对方建立起"自己人效应"，就要在与对方谈话时努力寻找共同语言、共同感兴趣的食物、共同的观点与情感等。这样，双方在心理上的共鸣，使对方产生好感与亲近感，心理距离大大缩短，也就自然能打破交谈的"瓶颈"。

一个人的心理状态、精神追求、生活爱好等，或多或少都会在他们的表情、服饰、谈吐、举止等方面有所表现，只要你善于观察，就会发现双方的共同点。

一位退伍军人乘车时同另一个陌生人相遇，位置正好在驾驶员后面。不巧的是，汽车上路后不久就抛锚了，驾驶员车上车下忙了一通还没有修好。这位陌生人建议驾驶员把油路再检查一遍，驾驶员将信将疑地去查了一遍，果然找到了故障原因。这位退伍军人感到他的这个绝活可能是从部队学来的，于是试探道："你在部队待过吧？""嗯，待了六七年。""看来咱俩还算是战友呢。你当兵时部队在哪里？"……这一对陌生人就此话题谈了起来，后来他们还成了朋友。

这就是在观察对方后，发现都当过兵这个共同点，从而成功交流的案例。当然，通过仔细观察发现的东西，还要同自己的兴趣爱好相结合。否则，即使发现了共同点，也还是无话可说。

谈对方感兴趣的话题，用对方工作上的术语与之交流，让对方感觉你们志趣相投，心意相通等，这些都不是为了讨好，而是为了促使你与对方之间的沟通更加顺畅而已。

人与人沟通，很难在一开始就产生共鸣。当我们在做开场白时，为了说服别人，最好从对方的兴趣和精力上找到双方的共同点，并从这上面展开话题。

伽利略年轻的时候就立下雄心壮志，要在科学研究方面有所成就，他希望得到父亲的支持和帮助。他对父亲说："我想问您一件事，是什么促成了您同妈妈的婚事？""我看上她了。"父亲平静地说。伽利略又问："那您有没有想过娶别的女人？""没有，孩子，家里的人要我娶一位富有的女士，可我只钟情于你的母亲，她从前可是一位风姿绰约的姑娘。"伽利略说:"您说得一点儿也没错,她现在依然风韵犹存,您不曾想过娶别的女人,因为您爱的就是她。您知道,我现在也面临着同样的处境。除了科学以外,我不可能选择别的职业,因为我喜爱的正是科学。别的对我而言毫无用途也毫无吸引力。科学是我唯一的需要,我对它的爱犹如对一位美貌女子的倾慕。"

伽利略的父亲一直反对伽利略从事科学事业,并阻挠他科学研究方面的事情。而伽利略就是用了这种与父亲找共同感受的方式,做了说服父亲的开场白,最终说动了父亲,并通过努力实现了自己的理想,成了一名伟大的科学家。

面对不太熟的异性朋友,如何开口是关键

异性之间的交往应该尽量大大方方,或是用一句"你好",或是用一个微笑来开始相互之间的谈话。

很多人因为内向的性格,总不能主动地去交朋友。只做交往的响应者,而不做交往的始动者,就比别人少了很多获取友情和爱情的机会。要知道,别人是没有理由无缘无故地对我们产生兴趣的。因此,要想摆脱"守株待兔"的境况,就必须学会主动与人交往。

在一个相互间并不熟悉的聚会上,你可能会发现,多数人都在等待别人主动打招呼而不敢主动与不认识的异性接触,他们也许认为这

样做是最稳妥也是最容易的。而余下的一小部分人则不然，他们通常会走到陌生异性跟前，一边伸手一边自我介绍。如果你恰巧是被"搭讪"的一位，这个时候你一定会像他乡遇故知一样对来者产生一种心理上的依赖，因为他是你此时此地唯一能够交谈的对象。你会自然而然地对与你对话的这位产生亲切感与好感。根本不会认为与别人主动接近是件难为情的事。所以，在与陌生或者不熟的异性交流之始，不要为"先开口"而害羞不已。被你接近的人一定不会对你"先开口"的举动投来异样的眼光，反而会对你主动的态度心存感激。

通常情况下，对于陌生异性来说，搭上第一句话是相当重要的。因此，首先要克服自卑感和怯场心理。你可以漫不经心地说一些眼前存在的事实，用声音引起对方的注意。这一切要显得自然一些，如果对方开始注意，你就可以接上话茬儿，继续谈下去了。谈话的内容不要太深入，仅作为一般的聊天即可。这个时候，最忌讳心情紧张，一旦紧张，就会导致找不到话题、语无伦次。

当两个人谈得很投机的时候，便可以进入询问阶段，从而了解对方的观点、个人情况、家庭状况等，但一定不能刨根问底。要善于观察，一旦触及对方隐私和禁忌的话题，要及时岔开，从而保持愉快的交谈气氛。

在交谈过程中，最忌讳一问一答的谈话方式。谈话应该是两个人思想的交流，在了解对方的同时，开诚布公地向对方亮相。这种自我介绍，从原则上要坦率、诚实。

如果在聊天的过程中彼此产生好感，交谈进入全面的、深入的了解阶段，并且能相互理解，那么就可以将话题转移到试探对方上面来，即给对方发出"信号"。这些信号多半含有爱的暗示，信号的表达最好不要太直白露骨，急于求成往往会把胆小的一方吓跑。这种信号发出，并不是立即能得到回音的，要允许对方长时间考虑，甚至在对你进行考验之后才能得出结论。

有些人总是在抱怨世界上缺少真情，缺少爱。这个世界上从不缺乏孤独的男女，他们多半是因为不敢迈出交友的第一步，在交友中总是处于被动、消极的一方。

感情自然地流露，落落大方地交往，在沟通中不失常态就是同异性交往的最基本法则。掌握了这些法则，碰见异性就将不再拘谨，交往也将变得顺利得多。

与"重要人物"见面，说话时阵脚不可乱

重要人物也是人，与重要人物见面时首先要克服羞怯畏惧的心理，说话的时候才能不自乱阵脚。

很多人都有这样的困扰——在生活或工作中遇上了名人、领导或者对自己有用的"重要人物"，心里十分想迅速接近他们，进行一场融洽的交谈，但始终找不到一个突破点，或者交流过程中总觉得非常僵硬。其实，与这些"重要人物"交流也有一定的技巧。"大人物"也是人，他们也有和平常人一样的感情世界。

所以，与这些重要人物交往，不要有羞怯畏惧的心理，只要真正

表现你内心的意思，你就能与任何"重要人物"开口说话。这一点是与"重要人物"交往最基本的要领。当然，要想顺利地与这些人进行交谈的话，我们还需要对不同类型的"重要人物"进行了解与分析，做足准备工作。

1. 与名人说话

名人往往比寻常人有更多的成就，而且也有私人的嗜好。当你准备去拜访某位名流时，你可以预先做点儿谈话内容的准备。

遇到有名的作家、诗人、画家、音乐家等从事创作的人，我们可以准备一些他们感兴趣的话题来与他们探讨，因为这类人往往有广泛的兴趣。他们在社交场合或许不活跃，但往往也有启发人们思想的独到之处。你与他们讨论一些问题，可以让他们将独特的见解表达出来。与这些人交谈，必须耐心，不要轻易动怒，也不要太热切，要温和、冷静和体贴，就像应付任何敏感的人一样。

名气一般的名人，总是生活在情绪不稳定的状态中，内在的恐惧使他们脆弱敏感，稍有疏忽就会激怒他们，而且他们也容易傲慢。然而，他们绝对需要你的尊重和顺从。名气越小，对于亲切、尊重的需要也就越大。

对过气的名人，最好采取迂回的战术，即通过第三者来了解他。你的开场白应当是积极的。而类似于"这些日子以来你是如何打发时间的啊"，"我们很久没有见你在公众场合露面，你去哪儿了"，这些话等于当头泼他的冷水，是十分不可取的。

在多数情况下，与名人谈孩子是不会错的。从孩子入手，谈话就很好进行，但要注意话题不要扯得太远，要适可而止，更不要试图打探别人的隐私。

2. 与专业人士说话

在社交场合中，我们不宜向各种有地位的专业人士要求提供免费的建议。即使你的问法很有技巧，那也是一种冒犯。你问得再有技巧也瞒不过专业的眼睛。各界专业人士的职务便是向他们的客户出售商品。我们应该在他们营业的时候征询各种建议。

与"重要人物"说话，最基本，也是最重要的是自然和真诚。有些人看到名人、富人等大人物只是一味地说些奉承话和空话，这是不能和对方愉快交流的。面对这些"重要人物"，你大可不必紧张，所谓的"重要人物"也像普通人一样，抵不过疲倦，也承受不住伤害。

用流行语为你的开场添姿着色

开场白借助健康的、富于生命力的"流行语"，可以使你更潇洒地与人交谈，使你更顺利地办事。

在日常谈话、交往活动中，恰到好处地使用流行语可以起到多方面的作用。

1. 可丰富、更新自己的谈话色调

一个人的谈话色调既包括话题、语调、声音的选择，也指词句的筛选与锤炼。现实生活中有些人与别人交谈时老是一种腔调，老运用一些自己重复多遍、陈旧蹩脚的词句、口头禅，毫无新鲜明朗的气

息，给人的感觉是迂腐而沉闷，如鲁迅笔下的孔乙己，"之乎者也"不断；又像电视剧《编辑部的故事》中的牛大姐，官腔套话不离口。跟上时代的步伐，注意吸收、运用流行的词句，可以使自己的谈吐变得丰富多彩，永远保持谈话色调的生机、活力，使话语常讲常新。

2. 可沟通联系，赢得别人好感

愉快顺利的交谈活动，往往离不开流行语的使用。比如称呼别人，以前多是"师傅""同志"，现在多用"女士""先生""小姐"，这样更能增强谈话双方的亲近感、尊敬感，使交谈始终处于自如轻松的状态，不致因过于拘谨、正儿八经而影响沟通，引起别人反感。

3. 可调色逗趣，增添生活情趣

生活是五彩斑斓的万花筒，人们常在一起聊天、玩笑，少不了流行语的点缀。一位学生挤到一群同学堆里，发现一位女生新穿了一件连衣裙，故意惊呼道："哇！真'3.14'！"这 3.14 是圆周率 π，与流行语"派"谐音，因此立刻博得大家一阵欢心的大笑。

或许有人会问流行语是怎么来的？其实，流行语不是哪位名人或语言学家创造发明出来的，我们每个人都可以留心生活，留心别人的言谈，并借鉴发挥，推陈出新，启动灵感，随口说出。平时不妨从以下几个方面去搜集学习：

1. 从电视电影里学

当代影视与人们的生活愈来愈贴近，不少精彩对白、主持人的即兴妙语、广告好词令人赞叹不绝，我们可以从中借鉴。比如有人劝朋友看一个展览："去看看吧，不看不知道，展览真奇妙！"显然这里仿用了"正大综艺"主持人的开场语。

2. 从流行歌曲中学

许多流行歌曲不但能唱出人们的真情、心声，而且歌词通俗，生活气息浓。某男士谈恋爱，刚接触对方，生怕对方看不中自己的外表，灵机一动，说道："我知道我很丑，可是我很温柔。"他妙用了赵传的一首歌名，很快赢得姑娘的好感。再如"我真的不是故意的""你知道我在等你吗"等，结合讲话的场合、语境、心境，信手拈来，适时穿插，一定情趣盎然。

3. 从报刊用语里学

如某报上曾有一篇题为《检察机关浑身是眼》的文章，某位善谈者巧借活用，与人评论小偷："他浑身是手，什么不偷?"提醒误入情网的朋友："别理她，她浑身是胶，粘住了，你还了得?"假如有人蒙受不白之冤，事过境迁，真假莫辨，多次申诉，也得不到解决，怎么跟人说?"嗨! 你就是浑身是嘴，也说不清呀!"

首次拜访客户时的开场技巧

一次成功推销的关键就是在于刚开始的几十秒，无论是想让客户接受你，还是接受你的产品，都应该在一开始就吸引客户的注意力，抓住客户的心，这样客户才会有兴趣跟你谈下去。

很多推销员接触客户的时候，经常会发现客户仍在忙着其他的事情，根本没有兴趣听下去。这个时候，如果不能尽快抓住客户的心，那么这次推销几乎就失败了。

依照销售心理学的分析，最好的吸引客户注意力的时间就是在你开始接触他的头30秒，只要你能够在前30秒内完全吸引他的注意力，那么后来的销售过程就会变得更加轻松。因此，你最好设计一个在30秒内就能吸引对方的开场白，而这个开场白可以是你提出的一个他们感兴趣的问题。

福克兰是美国鲍尔温交通公司的总裁。在他年轻的时候，由于他成功地处理了公司的一项搬迁业务而青云直上。当时，居民中有一位爱尔兰老妇人不愿意搬走，于是联络了许多邻居，决心与机车工厂对抗到底。如果当时通过法律程序来解决纠纷，不仅费时费力，而且还要花费许多钱。福克兰向总裁请缨，准备亲自出马，把自己的方案彻底地"推销"给老妇人。

当福克兰找到这位老妇人时，她正坐在房前的石阶上。福克兰故意在老妇人面前忧郁地走来走去，以引起老妇人的注意。果然，老妇人开口说话了："年轻人，你有什么烦恼?"福克兰并没有直接回答老妇人的问题，只是说："您坐在这里无所事事，真是太可惜了。我知道您具有非凡的领导才干，可以成就一番大事业。听说这里将建造一座新大楼，您何不劝劝您的邻居们，让他们找一个更好的地方永远安居乐业下去呢? 这样大家都会记住您的好处的。"福克兰这几句看似轻描淡写的话，却深深打动了老妇人的心。不久，她就到处寻觅住房，指挥她的邻居搬迁，而公司仅付出了原来预算代价的一半数目。

由此看来，在与客户交谈的时候，能够一开始就抓住客户的心很重要，只有这样，谈话才有可能继续下去。如何才能一开始就抓住客户的心呢？以下是几种常用的方法：

提及客户现在最关心的问题：听您的朋友提起，您现在最头疼的是产品的废品率很高……

谈到客户熟悉的第三方：您的朋友某某介绍我与您联系，说您最近想添置几台电脑……

赞美对方：他们说您是这方面的专家，所以也想和您交流一下……

提起对方的竞争对手：我们刚刚和××公司有过合作，他们认为……

用数据引起客户的兴趣和注意：通过增加这个设备，可以使您提高50%的生产效率……

有时效性的说法：这个活动能给你节省很多经费，活动截至12月31日，所以应该让您知道……

上面这几种方法，可以交叉使用，前提是要根据当时的实际情况。当然在与客户交谈的时候，首先一定要以积极乐观的语气对客户表达问候。另外，我们在初次面对客户的时候，最好要抓住客户的心理，这样方便我们进行下一步的攻势。

1. 多说"我们"少说"我"

销售人员在说"我们"的时候，会给对方一种心理暗示：销售人员和客户是站在一起的，是站在客户的角度想问题。虽然它只比"我"多了一个字，但却多了几分亲近。

2. 看对象说话

这一点应该非常好理解。遇到年轻的客户，就用年轻人的说话方式；遇到年长一些的客户，就用跟年长者说话的方式。这样才能跟客户进行有效的沟通。

3. 不要怕说"对不起"

当客户讲述他们的问题时，他们等待的是富有人情味的明确反应。面对顾客的投诉，最好首先表示你的歉意，若要以个人名义道歉的话，就要表现得更加真诚，并且明确告诉他你将尽个人最大努力帮助他，直到他满意为止。

4. 感谢、感谢、再感谢

对顾客说再多的感谢也不过分。遗憾的是，"谢谢""荣幸之至"，或者"请"这类字眼在推销中已经用得越来越少了。尽可能多使用这些词，并且把"谢谢"作为你与顾客交往中最常用的词。

"甜言蜜语"，
夸就夸到人心坎

第 **4** 章

赞美的话要发自内心

如果你的赞美之辞不是发自于内心的，那么，你的赞美很难达到预期的功效。

赞美别人就是发现别人的美，并且用恰当的语言表达出来。赞美的语言稍微夸张一点儿是可以的，但是倘若言过其实，便会让人怀疑你赞美的诚意和动机了。

有这样一个人，在单位里经常赞美同事，见到领导时，赞美的话更是滔滔不绝。见到身材魁梧的领导，他就说："一看就知道您是有福之人啊！"当见到秃顶的领导时，他就说："您肯定聪明绝顶，机智过人！"这些话不伤大雅，也还能让领导开心，只是有一次，因为他过分夸大的赞美言辞让领导对他有了重新的认识。

某领导在应酬时，酒喝多了，走路时一不小心摔了一跤，这时，这位经常赞美领导的"赞美家"赶紧过来扶起领导，嘴里说道："领导为了工作，连自己的身体都不顾了，就算是喝出胃出血也没有任何怨言。"喝醉了酒的领导一听到有人这样"赞美"自己，一下子就火了，指着这位时时不忘赞美领导的人破口大骂："你到底会不会说话，你那是称赞我吗？你是盼着我死吧？"这次，平日伶牙俐齿的他再也说不出任何赞美之词了。

他的赞美之所以得不到听者的认可，是因为他的赞美之词不是发自内心的赞美。在他的赞美中，有很重的趋炎附势、惺惺作态的成分。这样的赞美是无法打动人心的。

小王是建筑公司的拆迁办主任，在拆迁工作顺利进行的时候，一家钉子户使拆迁工作不得不停下。小王了解了这家的基本情况后得知，这家的主人是一名曾参加过抗美援朝的老军人，他之所以不肯搬家，是因为这套四合院是在他光荣离休后政府赠予他的。

随后，小王亲自拜访了这位老人。他进入到老人的书房，看见墙上都是老人身穿军装的照片，不由得说道："您老年轻时一定是名强悍的军人。因为我在您身上仿佛见到了你当年奋勇杀敌的勇猛和果断。"老人没有作声。小王继续说："我小的时候就愿意和我爷爷在一起，他总有许多战场上的故事可以讲，后来他年纪大了，有的故事甚至都讲20遍了，可每次他都像是第一次讲一样，眼中充满了激动的泪水。我想您所知道的故事一定和我爷爷知道的一样多，甚至比他的还多。而这其中的辛酸不易，我想只有您自己体会得最深刻了。"

说到此，小王起身说道："老先生，打扰您这么久，真是对不住啊！"说完他就走出了屋子，往大门外走去。当他即将迈出大门时，老人在背后喊道："明天过来时把拆迁的公文带来，让我好好瞅瞅。"小王心里的大石头终于落了地，老人要看公文，证明拆迁的事情有戏了。

从头至尾，小王只字未提拆迁的事，只是和老人聊了会家常话。其实，正是小王的家常话打动了老人。小王称赞老人勇敢，称赞老人阅历丰富，这都是发自于内心的赞美。他的赞美之词在老人的心中也激起了层层涟漪。因为小王真诚的赞美，打开了老人的心房。

有的人非常吝啬对他人的赞美，认为那是阿谀奉承的表现，是令人不齿的做法，然而人人都喜欢听到他人的赞美，都以得到他人的赞美为荣。因为，如果能得到别人的赞美，说明自己的行为得到了他人的认可，对赞美他的人自然就会产生好感。无论何时，赞美都拥有神奇的力量，能帮助他人走出困境，是交际中最有效的手段之一。发自内心的赞美，是任何人都喜爱的。

有些人不是出自真心而是随大流，跟着别人说重复的赞美话，或者附和别人的赞美，这会引起对方的反感。因为这样的赞美会令对方认为你是在溜须拍马。

总能找到赞美的理由

我们常会碰到一些难缠的人，讲道理不听，软说强求也无效，而且有时，他还对你抱有一种固执的敌意。对这样的人你肯定不会去赞美他。然而此时此刻，恰恰只有赞美才能解开这个死结。

费城华克公司的高先生懂得从对方身上找到赞美的理由，借由赞美达到自己的目的。

华克公司承包了一幢办公大厦的建筑工程，必须在合同规定的日期内完工。开始一切顺利，眼看工程就要完工了，突然负责供应楼内装饰材料的供应商声称，他不能按期交货。如果这样，整个工程都将受到影响，不能按期交工，公司的麻烦可就大了。

高先生于是去找这个供应商。高先生径直走进那家公司董事长的办公室，但是高先生并没有责备对方，而是从赞扬开始，他说对方的姓在这个地区是独一无二的。这让那位董事长很意外，也打开了话匣，他用了很长的时间谈论他的家族及祖先。等他说完了，高先生又称赞他一个人支撑那么大一个公司，并且比其他同类公司生产的铜制品都好。于是董事长坚持要请高先生吃饭。在吃饭的过程中高先生又说了一些其他的事情，始终没说来访的目的。

午饭后，还是那位董事长主动提到了实质问题，由于高先生给他带来了很多的快乐，董事长答应按合同交付产品。

高先生甚至没有提出要求就达到了目的。那些材料准时送到，他们也按期交工。

找到赞美的理由，从赞扬和欣赏开始更容易说服他人。做鱼有腥味，可以加料酒去腥；肉骨头炖不烂，可以滴几滴醋，这些都是一物降一物的道理。在追求成功的道路上，善用这个道理的人，事半功倍；不善用这个道理的人，吃力不讨好。

柯达公司创始人伊斯曼，捐出巨款要在罗彻斯特建造一座音乐堂、一座纪念馆和一座戏院。为承接这批建筑物内的座椅，许多制造商展开了激烈的竞争。但是，找伊斯曼谈生意的商人无不乘兴而来，败兴而归。在这样的情况下，优美座位公司的经理亚当森前来会见伊斯曼，希望能够得到这笔价值9万美元的生意。

伊斯曼的秘书在引见亚当森前，就对亚当森说："我知道您急于得到这批订货，但我现在可以告诉您，如果您占用了伊斯曼先生5分钟以上的时间，您就完了。他是一个很有时间观念的大忙人，所以您进去后要快快地讲。"亚当森微笑着点头称是。

亚当森被引进伊斯曼的办公室后，看见伊斯曼正埋头于桌上的一堆文件，于是静静地站在那里仔细地打量起这间办公室来。过一会儿，伊斯曼抬起头来，发现了亚当森，便问道："先生有何见教？"秘书把亚当森做了简单的介绍后，便退了出去。这时，亚当森没有谈生意，而是说："伊斯曼先生，在我们等您的时候，我仔细地观察了您这间办公室。我本人长期从事室内的木工装修，但从来没见过装修得这么精致的办公室。"

伊斯曼回答说："哎呀！这间办公室是我亲自设计的，当初刚建好的时候，我喜欢极了。但是后来一忙，一连几个星期我都没有机会仔细欣赏一下这个房间。"

亚当森走到墙边，用手在木板上一擦，说："我想这是英国橡木，是不是？意大利的橡木质地不是这样的。"

"是的，"伊斯曼高兴得站起身来回答说，"那是从英国进口的橡木，是我的一位专门研究室内橡木的朋友专程去英国为我订的。"

伊斯曼心情极好，便带着亚当森仔细地参观起办公室来了。他把办公室内所有的装饰一件件向亚当森做介绍，从木质谈到比例，又从比例谈到颜色、从手艺谈到价格，然后又详细介绍了他设计的经过。此时，亚当森微笑着聆听，饶有兴致。

亚当森看到伊斯曼谈兴正浓，便好奇地询问起他的经历。伊斯曼便向他讲述了自己苦难的青少年时代的生活，母子俩如何在贫困中挣扎的情景，自己发明柯达相机的经过以及自己打算为社会所做的巨额的捐赠。亚当森由衷地赞扬他的功德心。

本来秘书警告过亚当森，谈话不要超过5分钟。结果，亚当森和伊斯曼谈了一个小时又一个小时，一直谈到中午。最后伊斯曼对亚当森说："上次我在日本买了几张椅子，放在我家的走廊里，由于日晒，都脱了漆。昨天我上街买了油漆，我打算自己把它们重新漆好。您有兴趣看看我的油漆表演吗？好了，到我家里和我一起吃午饭，再看看我的手艺吧。"午饭以后，伊斯曼便动手，把椅子一一漆好，并深感自豪。直到亚当森告别的时候，两人都未谈及生意。最后，亚当森不但得到了大批的订单，而且和伊斯曼结下了终生的友谊。

夸人要夸到点子上

把话说在点子上，往往能收到意想不到的效果，而夸人夸到点子上，更会令对方喜出望外。

赞美是人们生活中不可或缺的生活调味剂，有了它，人与人之间的距离则会变得越来越近。如果要消除两人间的隔阂，真心地赞美对方是你最理想的方法。

但如果我们的赞美没有针对性，没有赞美到点子上，那么很可能会引起对方的厌恶。

当你与年老的长者交谈时，可以多称赞他引以为豪的过去，因为老年人一般都希望别人能够记住他当年的业绩和往日的雄风；当你与年轻人交谈时，不妨语气稍为夸张地赞扬他的创造才能和开拓精神，并举出几点实例证明他的确能够前程似锦；当你与商人交谈时，可以称赞他头脑灵活，生财有道；当你与知识分子交谈时，可以称赞他知识渊博、宁静淡泊。当然，这一切要依据事实，切不可虚夸。

因为赞美过度，会让人觉得你是在阿谀奉承、溜须拍马。

所以，在赞美别人时一定要善于寻找到对方最希望被人赞美的地方。

云莉从升入大学的第一天，就被同学们评为"班花"。云莉自己也知道，从小到大她听到的称赞最多的就是关于她漂亮的外表，对于这样的赞美，云莉感觉有点儿"疲劳"了。其实在她内心深处最希望听到别人说她"有才华，将来肯定会有所成就"。云莉的男朋友就是靠着"别具一格的赞美"才赢得了她的芳心。"在我身上，他总能发现别人发现不了的优点。"云莉开心地说。

由此可见，赞美就得"赞美"到点子上。这样的赞美才不会给人虚假和牵强的感觉，这样的赞美往往会使对方听来十分亲切真实，使对方产生一种遇到"知音"的感觉，从而增进友谊，缩短彼此间的距离。

巧说赞美之词助你成事

恰如其分地称赞别人，绝不可夸大其词，只有这样才能赢得别人的信任和好感。

办事过程中，要想顺利地将一件事办好，必不可少的就是适当地赞美。赞美的话谁都会说，但是能否说得巧妙、自然，让对方从内心产生认同，心甘情愿地助自己成事，这里面就有一定的学问了。

美国黑人富豪约翰逊要修建一幢办公楼，但在资金上还有300万美元的空缺，他出入多家银行都没有贷到这笔款。

建造开工后，到所剩的钱仅够花一个星期的时候，约翰逊终于找到了一家银行肯贷款给他，但是他还有一个要求，就是当天就要拿到贷款，银行主管却对约翰逊说："你一定在开玩笑，我们从来没有在一天之内就办妥事的先例。"

约翰逊稍一沉思，回答："你是这个部门的主管。也许你应该试试看你有无足够的权力把这件事在一天之内办妥。"

这样一下子就挑起了对方的好胜心，这个银行主管试过以后，本来他说办不到的事终于办到了，约翰逊也如愿以偿地拿到了这笔贷款。

这类似激将法，是一种隐蔽的赞美方法，就像你说"这件事对你来说简直是小菜一碟"，这时，即使对方办到这件事有一定的难度，他也不会直接告诉你："我做不到，"而是想办法达到你的期望，以免被你看扁，这是人们普遍存在的虚荣心。

比尔·派克是佛罗里达州得透纳海滩一家食品公司的业务员，他对公司新出的系列产品感到非常兴奋；但不幸的是，一家大食品市场的经理取消了产品陈列的机会，这令比尔很不高兴。他对这件事想了一整天，决定下午回家前再去试试。

他说："杰克，我今天早上走时，还没有让你真正了解我们最新系列的产品，假如你能给我些时间，我很想为你介绍我漏掉的几点。我非常敬重你有听人说话的雅量，而且非常宽大，当事实需要你改变时你会改变你的决定。"

杰克能拒绝再听他谈话吗？在这个必须维持的美誉之下，他是没办法这样做的。

办事过程中，要使赞美的语言产生效果，除了注意一些技巧外，更重要的是有一份诚挚的心意及认真的态度，不要轻易草率地发表看法。即使是赞美一个人也不要太夸张离谱，否则就变成了谄媚，对方也会觉得你很虚伪。

赞扬是对下属最好的奖赏

一句赞扬可以提高下属的积极性，使其努力地工作，但一句批评可能让他站到你的对立面，与你对着干。

人们发展的需要是全面的，不仅包括物质利益方面，还包括名誉、地位等精神方面。在单位里，每个人都会非常在乎领导的评价，领导一句不经意的赞扬会是下属最好的奖赏。

首先，领导的赞扬可以使下属意识到自己在群体中的位置和价值，在领导心中的形象。而领导的表扬往往具有权威性，是确立自己在本单位同事中的价值和位置的依据。

有的领导善于给自己的下属就某方面的能力排座次，使每个人按不同的标准排列都能名列前茅，可以说是一种皆大欢喜的激励方法。比如，小王是本单位第一位博士生；小李是本单位"舞"林第一高手；小刘是单位计算机专家等。人人都有个第一的头衔，人人的长处都得到肯定，整个集体几乎都是由各方面的优秀分子组成，能不说这是一个生动活泼、奋发向上的集体吗？

其次，领导的赞扬可以满足下属的荣誉感和成就感，使其在精神上受到鼓励。如果一个下属很认真地完成了一项任务或做出了一些成绩，虽然此时他表面上装得毫不在意，但心里却默默地期待着领导来一番称心如意的嘉奖，而领导一旦没有关注，不给予公正的赞扬，他必定会产生一种挫折感，对领导也产生看法，"反正领导也看不见，干好干坏一个样"。这样的领导是不能调动起下属的积极性的。

再次，赞扬下属还能够密切上下级的关系，有利于上下团结。领导的赞扬不仅表明了领导对下属的肯定和赏识，还表明了领导很关注下属的事情，对他的一言一行都很关心。有人受到赞美后常常高兴地对朋友讲："瞧我们头儿既关心我又赏识我，我做的那件连自己都觉得没什么了不起的事也被他大大夸奖了一番。跟着他干，气儿顺。"互相都有这么好的看法，能有什么隔阂？能不团结一致拧成一股绳把工作搞好吗？

最后，对下属成绩和良好思想品格的肯定和赞扬，实际上就是对另一种与之相对立的倾向的有力的否定和批评。直接指斥某种倾向的危害，明白地提出某种诫令，不失为一种可行的常规办法。但这只能是一种辅助手段，其效力不会更深远。倘若及时向下属说明"什么好""应该干什么""怎样干"，那就从根本上解决了带有过程意义的问题。所以对于规范下属的行为，肯定、赞扬要比否定、批评来得更为直接。

下属的活动一般来说，都是自觉地指向上级确定的目标，遵循着上司的规定展开的，主观上是希冀成功的。然而，由于受个人的智力、学识、经验以及种种随机因素的制约，其活动结果不尽如人意甚至出现大的差异也是不可避免的。在失误、败绩面前，上司该做如何处置呢？简单的方法当然是论过行罚。但是，这并不明智。更为远虑的处置应该是宽容。在必要的批评和处罚之外，要言辞中肯、情意温馨，对其过失之外的成绩、长处予以肯定，对其深切的负疚感、追悔心予以彰明，对其振作图进的心意予以抚慰和信赖。当事人就会从不安中看到希望，决心日后努力工作，将功补过。

所以，即使作为有一定权力的领导，也不要随意地批评你的下属。在任何时候，赞美、鼓励都会比批评更有效果，都更能把人团结在你的周围。

倾听是对讲话者的高度赞美

赞美他人我们往往用的是语言。其实倾听也是对讲话者的高度赞美与恭维。

倾听不仅是一种对别人的礼貌与尊重，也是对讲话者的高度赞美与恭维。每个人都希望获得别人的尊重，受到别人的重视。当我们专心致志地听对方讲，努力地听，甚至是全神贯注地听时，对方一定会有一种被尊重和受重视的感觉，双方之间的距离必然会拉近。所以，懂得倾听可能会直接决定你要办的这件事能否成功。

经朋友介绍，重型汽车推销员乔治去拜访一位曾经买过他们公司汽车的商人。见面时，乔治照例先递上自己的名片："您好，我是重型汽车公司的推销员，我叫……"

才说了不到几个字，该顾客就以十分严厉的口气打断了乔治的话，并开始抱怨当初买车时的种种不快，例如，服务态度不好、报价不实、内装及配备不对、交接车的时间等待得过长……

顾客在喋喋不休地数落着乔治的公司及当初提供汽车的推销员，乔治只好静静地站在一旁，认真地听着，一句话也不敢说。

终于，那位顾客把以前所有的怨气都一股脑儿地发泄了。当他稍微喘息了一下时，方才发现，眼前的这个推销员好像很陌生。于是，他便有点儿不好意思地对乔治说："小伙子，你贵姓呀，现在有没有一些好一点儿的车种，拿一份目录来给我看看，给我介绍介绍吧。"

当乔治离开时，已经兴奋得几乎跳起来，因为他的手上拿着两台重型汽车的订单。

从乔治拿出产品目录到那位顾客决定购买，整个过程中，乔治说的话加起来都不超过 10 句。重型汽车交易拍板的关键，由那位顾客道出来了，他说："我是看到你非常实在、有诚意又很尊重我，所以我才向你买车的。"

只是几分钟的倾听，就做成了一笔业务，这就是倾听的魅力。

玫琳凯·艾施在《玫琳凯谈人的管理》一书中，就曾对倾听的影响做了如此说明："我认为不能听取别人的意见，是自己最大的疏忽。"

玫琳凯经营的企业能够迅速发展成为拥有 20 万名美容顾问的化妆品公司，其成功秘诀之一就是她相当重视每个人的价值，而且很清楚地了解员工真正需要的除了金钱、地位外，还有一位真正能"倾听"他们意见的知心人。因此，她严格要求自己，并且让所有的下属铭记这条金科玉律：倾听，是最优先的事，绝对不可轻视倾听的作用。

所以，当你说话办事时，不要一味地只顾着表达自己的想法和观点，留一点儿时间给别人，沉静下来听别人说一会儿话，你的倾听会给你带来更多的收获。

男人与女人，不同的赞美

人们都说女人是用耳朵来生活的，赞美是女人生命中的阳光。其实，男人也一样，他们一样喜欢听到他人对自己的肯定和赞美，因为这会让他们有一种价值感，并由此充满自信。

人人都渴望被别人赞美，但男人和女人的需要是不同的。

男人要面子、好虚荣，多表现在追逐功名、显示能力、展示个性以显潇洒和能人之形象方面，而女人则表现在对容貌、衣着的刻意追求或身边伴个白马王子以示魅力方面。

男人要面子、好虚荣，他们对此毫不遮掩，有时甚至坦率得令人吃惊，而女子则总是遮遮掩掩、羞羞答答。

女性对于面子、虚荣还有几分保留，而男子则是全力以赴去追求面子，好似他的人生目的就是追求面子一般。

男人的面子千万不要去伤害、破坏，否则便万事皆休一切都了——友谊中断，恋爱告吹，生意不成，升官无望，职称泡汤。

因此赞美他人时也要见什么人说什么话。

比如，赞美一个女人漂亮就大有学问。对于容貌绝佳的女性，她已习惯了别人的赞叹，不妨用些新颖的方式，如用比喻去赞美她；对于一个五官没有那么精致的女性，如果你虚假地夸赞她的容貌，她会认为你在讥讽她，从而引起她的反感。你最好去发掘她的气质、能力或性格；而普通的女性是最需要赞美的，因为她身上也有美，并且也最向往美，最渴望被人肯定。

你可以赞美女人的修养。有许多女人，虽然长得漂亮，但是缺乏修养，没有内涵，稍一相处，便会让人感到俗不可耐。因而，花瓶式的女人虽然可赢得一时的赞美，却不能使男人长久地爱慕她，更无法获得男士的尊敬，而一位非常普通的女人如果拥有一种好的气质，则可以变得十分迷人，令人心驰神往。因为一个人的修养是一种内在美、精神美、升华美，它可以永久地赢得男人的尊重和爱慕。

作为男人更要会赞美女人。能够做到张口也赞闭口也赞，这样，你才能在女人面前受欢迎，使你魅力无穷。

男人赞美女人是对女人价值的肯定，更是对女人魅力的一种欣赏。在男人眼里，女人身上总有美丽动人之处，或者是皮肤细腻，或者是身材苗条，或者是眉目含情，或者是穿着得体。所以你一定要善于去发现、去捕捉她的美。许多女人都会对自己的缺憾有所了解，但她们也同样十分了解自己最动人之处，只要你能独具慧眼，赞美得体，你一定会博得她的赏识与青睐。

现在注重个性，夸赞一个女人有个性已成了一种时尚。固执的性格可当此人有个性来赞，孤傲的性格也可以用有个性来赞，像男人一样不拘小节，有些泼辣的女性也能用有个性来赞。只要是稍稍区别于大众的性格，你用个性二字来赞她，无论是哪种女性，她都会觉得你这个人很有品位。

最后，谈一谈女人的能力。现代社会，在各种事业中女人都表现出了非凡的能力。她们不仅能把自己分内的事完成得十分得体，还会凭她们细心的洞察力去发掘工作中出现的问题，把各部门的事情都安排得十分妥当，有时的工作能力大大地超越了男性。而女人在取得很大的成就时，她是需要被这个社会所肯定的。她们希望这个社会能认同自己，肯定自己的能力，也希望在男人眼中她们不再是处处依附于男人的人，而是能够独当一面，把事情处理得完美无瑕的有能力的人。于是，她们就需要男人的赞美，希望自己所做到的，能够得到男人的认同与赏识。如果你是她的老板，上司，或是同事，你可千万别忽视她的业绩，常常激励她、赞美她，激起她更大的工作积极性吧。

除此之外，生活中女人们的能力也值得你一赞。日常家务，如烧饭做菜，收拾房间，照顾孩子，这些虽是一些细小的事情，但却能表现出女人的动手能力，审美能力，教育能力。只要你在日常生活中也不忘记赞美一下女性，你定会得到女性们一致的好评。

最后要记住的是，女人喜欢甜言蜜语，但并非是喜欢太过花哨的话，所以赞她时多用些实际的语言，不用刻意去修饰，不然会让人觉得你很肤浅。

人们都说女人是用耳朵来生活的，赞美是女人生命中的阳光。其实，男人也一样，他们一样喜欢听到他人对自己的肯定和赞美，因为这会让他们有一种价值感，并由此充满自信。可以说，恰到好处的赞美是打在男人身上的一剂强心剂。你可以从以下几个方面来打造对男人的赞美之词：

1. 赞美他是成功的男人

由于传统社会对男性角色的定位——成家立业者，使得男人非常在乎自己在别人心目中的形象，任何人对他的工作做出的评价都会让他反应敏感。因此，无论男人从事的是怎样的工作，他都希望能得到别人的认同。

不过你得注意，不管一个男人有多成功，多得意，他内心深处最渴望的还是别人的理解和关怀。一般的理解和关怀都是无可厚非的，可一定要注意把握"度"的原则。过犹不及，说得太夸张、太过分、太直白就会被人当成追逐名利、爱慕虚荣的女人，会成为男人心底讨厌的势利女人。因此，即使是赞美，也要掌握分寸。通常从以下几个方面入手来赞美别人，是比较容易被接受，而且会收到预期效果的：

首先，在赞美男人的同时，注意表达关心与体贴。关心与体贴是女人善良天性的表现，也是女人细腻温柔的体现。女人的关心，有如吹面而过的柔和的春风，又如沁人心脾的淡淡花香，会在不知不觉中悄悄渗入男人的心灵之中，融化他们的心怀。男人们最喜欢的是那种会关心、会体贴、善解人意的女人，女人的关心和温柔会让男人从心底感激她。以前，曾有人这样赞美过别人：

"张老师，您那本书写得真好，没少花功夫吧？您可得注意休息了，瞧您现在比以前瘦多了。"

"刘总，这么大的工程，您一个人给搞定了，可真了不起！不过您可要注意身体呀，别光为了工作，累坏了自己。"

这些又温馨又充满敬仰与关切的语句，怎么能让男人不动心，不打心底感激，不视女人为自己的好友呢？

其次，在赞美男人的时候，恰当地表达出崇拜的思想。不管男人还是女人，都希望有人崇拜自己，都希望被人用尊敬、仰视的眼光看待，这也是人之常情。被人崇拜是无法拒绝的，被人崇拜意味着对"自我"的肯定，是一种人生价值的体现。对一个春风得意的人来说，他最自豪的是"自我"，也就是他的成功之源。

最后，别忘了在赞美的同时予以鼓励。一个女人鼓励一个男士，既是对他过去的肯定，对他以前职业生涯的一种肯定，又是对他未来充满信心的一种表现。人在任何情况下都是希望有支持和鼓励的，人不仅对自己有信心，更需要别人对自己有信心。现在的社会，竞争激烈，压力大，成功是需要付出很大代价的。一个成功的、春风得意的男士，即使在一定程度上达到了自我价值的展现，但也还是需要鼓励的，尤其需要别人对他有信心。

还有一些男士，春风得意的时候，往往会在别人的一片颂扬声中沾沾自喜、自高自大、忘乎所以，而女性的委婉地激励，有时就像一剂良药，给头昏脑热的春风得意者一点不动声色的提醒，使他冷静下来进一步激发起他投入下一次竞争的热情。

2. 赞美他是一位绅士

所谓风度，是男人在言谈举止中透出的一种味道。不要以为男人真的是散漫随意、潇洒不羁，其实他们是很在乎别人对自己举止的评价的。曾经有一位女友说起她和男友分手的原因，只因为她在一次朋友聚会上调侃了男友的局促，就大大伤了对方的自尊心，扔了句："既然你认为我没风度，那么分开好了。"

事实也如此，行动比语言更有说服力，只有当女方对对方的举止言谈很满意、很欣赏时，女方才会爱上他。而在这方面赞美男人的聪明之道，也是拿他和别的男人比较，表现出你的欣赏。一位范先生说："有一次，我和女友乘出租车，下车后我替她打开车门，她说她以前遇到的男人从不知道什么是绅士风度。这句话极大地满足了我的自尊心，也让我觉得自己是个很受欢迎的男人。"

3. 赞美他仪表堂堂

许多男性承认，他们在关注女人闭月羞花之貌的同时，也希望自己貌比潘安。但是同样因为社会角色定位，男人特别害怕女人把他们当作绣花枕头，因而他们对女人对他们外在形象的夸赞是特别敏感的，让女人兴奋的"你长得真漂亮""你穿得真好看"之类的话，会让男人觉得特别不舒服，按他的理解，这里透着一种嘲讽，好像说："你有些娘娘腔，你怎么像女人一样爱打扮。"

所以说，要真的想对男人表达你对他外形的欣赏，还需审时度势。但你可以对他的某个部位做出较高的评价，例如，你的鼻子好有个性等。

另外，在赞美一个男士的时候，有一点特别忌讳的是，不要当着这位男士的面大肆指责他的竞争对手，这样做也许当时能让这位春风得意的男士十分高兴，但过后，他就会清楚地意识到这种以贬低一个人来衬托另一个人的手法是多么笨拙，并且让人感到的只是巴结和恭维。所以，建议那些想要锦上添花的朋友，一定要注意，添花要小心，要把握好分寸，不要搞出笑话来，以免遭人反感。

赞美是交际的通行证

人都是有弱点的，再谦虚，再不近人情，再标榜不喜欢听甜言蜜语的人，其实都喜欢别人赞美，只要恰如其分。

赞美是一种重要的交际手段，它能快速地沟通人们的感情。每个人都渴望得到他人的肯定和赞美，恰当地赞美，既能赢得对方的信任与好感，也有利于自身的发展。

清朝的李鸿章，位高权重，文武百官都想讨他欢心，以便使他多多提携自己。这一年，中堂大人的夫人要过五十大寿，这自然是个送礼的大好时机，寿辰未到，满朝文武早已开始行动了，生怕自己落在别人后面。

消息传到了合肥知县那里，知县也想送礼，这可是结识中堂大人的绝好时机。无奈小小的一个知县囊中羞涩，礼送少了等于没送；送多了吧，又送不起，这下可把知县愁坏了。思来想去拿不定主意，于是请师爷前来商量。

师爷看透了知县的心思，满不在乎地说："这还不好办，交给我了。保准您一两银子也不花，而且送的礼品让李大人刮目相看。"

"是吗？快说送什么礼物？"知县大喜过望，笑成了一朵花。

"一副寿联即可。"

"寿联？这，能行吗？"

师爷看到知县还有疑虑，便安慰他：

"您尽管放心，此事包在我身上，包您从此飞黄腾达。这寿联由我来写，您亲自送去，请中堂大人过目，不能疏忽。"

知县满口答应。

于是第二天，知县带着师爷写好的对联上路了。他昼夜兼程赶到北京，等到祝寿这一日，知县报了姓名来到李鸿章面前，朝下一跪：

"卑职合肥知县，前来给夫人祝寿！"

李鸿章看都没看他一眼，随口命人给他沏茶看座，因为来他这里的都是朝廷重臣，区区一个七品知县，李鸿章哪能看在眼里。

知县连忙取出寿联，双手奉上。

李鸿章顺手接过，打开上联：

"三月庚辰之前五十大寿。"

李鸿章心想：这叫什么句子？天下谁人不知我夫人是二月的生日，这"三月庚辰之前"岂不是废话。于是，李鸿章又打开了下联：

"两宫太后以下一品夫人。"

"两宫"指当时的慈安太后、慈禧太后，李鸿章见"两宫"字样，不敢怠慢，连忙跪了下来，命家人摆好香案，将此联挂在《麻姑上寿图》的两边。

这副对联深得李鸿章的赏识，自然对合肥知县另眼相待，称赞有加。而这位知县也因此官运亨通了。

要赞美别人，应有一种"战无不胜"的信心。人都是有弱点的，再谦虚，再不近人情，再标榜不喜欢听甜言蜜语的人，其实都喜欢别人赞美，只要恰如其分。

我们都有这种经历：当别人赞美自己时，尽管会做出一副谦虚的样子，但心里却由衷地感到高兴，同时也会对称赞自己的人有一种好感。所以要达到某种目的，不妨先赞美对方一番。

然而生活中一些人他们偏偏学不会或不屑去赞美他人。他们把赞美看成是"拍马屁""心怀不轨"，这些都是不必要的思想。赞美是一种有原则的社交手段。

要赞美他人，先要选好赞美的话题，不可过分夸张，更不能无中生有。对于青年客户，赞美他年轻有为、敢于开拓；对于中年客户，赞美他经验丰富、见多识广；对于知识分子，赞美他知识渊博、刻苦钻研；对于商人，赞美他头脑灵活、发财有道等，这些都是恰如其分的，如果赞美一中年妇女活泼可爱、单纯善良可能就会不伦不类，弄不好还会招致臭骂。赞美你的领导发家有方、日进斗金，恐怕你升迁的希望就渺茫了。

赞美人的话不能过多，多了对方会不自在，觉得你是虚情假意，逢场作戏，因此而不信任你。赞美过多也不利于交谈，在谈话中频频夸对方"好聪明""好有能力"，对方频频表示客气，往往使谈话无法顺利进行。

留心对方的反应，当对方对你的赞美显得不自在或不耐烦时，就应当转换话题或适可而止了。

给他最想要的赞美

有的时候并不是什么伟大举动才值得让人赞美，相反一些微乎其微的小事别人会更期望得到你的肯定和称许。

在一个人所走过的人生道路中，有无数让他们引以为自豪的事情，这些都是一个人人生的闪光点。这些东西又会不经意地在他们的言谈中流露出来，例如，"想当年，我在朝鲜战场上……"，"我年轻的时候……"等。对于这些引以为荣的事情，他们不仅常常挂在嘴边，而且深深地渴望能够得到别人由衷的肯定与赞美。对于一位老师而言，引以为荣的往往是由他授过课的学生在社会上很有出息，你为了表达对他的赞美，不妨说："您的学生××真不愧是您的得意门生啊！现在已经自己出书了。"对于一位一生都默默无闻的母亲，引以为荣的往往是她那几个有出息的孩子，你如果对她说："你有福气啊，两个儿子都那么有出息。"她一定会高兴不已。对于老年人来说，他们引以为荣的往往是他们年轻时的那些辉煌的经历。

真诚地赞美一个人引以为荣的事情，可以更好地与之相处。

乾隆皇帝喜欢在处理政事之余品茶，论诗。他对茶道颇有见地，并引以为荣。有一天，宰相张廷玉精疲力竭地回到家刚想休息，乾隆忽然来访，张廷玉感到莫大的荣幸，称赞乾隆道："臣在先帝手里办了13年差，从没有这个例，哪有皇上来看下臣的！真是折煞老臣了！"张廷玉深知乾隆好茶，命令把家里的隔年雪水挖出来煎茶给乾隆品尝。乾隆很高兴地招呼随从坐下，"今儿个我们都是客，不要拘君臣之礼。坐而论道品茗，不亦乐乎？"水开时，乾隆亲自给各位泡茶，还讲了一番茶经，张廷玉听后由衷地赞美道："我哪里晓得这些，只知道吃茶可以解渴提神。一样的水和茶，却从没闻过这样的香味。"李卫也乘机称赞道："皇上圣学渊深，真叫人瞠目结舌，吃一口茶竟然有这么多的学问！"乾隆听后心花怒放，谈兴大发，从"茶乃水中君子、酒乃水中小人"开始论起"宽猛之道"。真是妙语连珠，滔滔不绝，众臣都集中精神地听着。乾隆的话刚结束，张廷玉赞道："下臣在上书房办差几十年，只要不病，与圣祖、先帝算是朝夕相伴。午夜扪心，凭天良说话，私心里常有圣祖宽、先帝严，一朝天子一朝臣这个想头。我为臣子的，尽忠尽职而已。对陛下的旨意，尽力往好处办，以为这就是贤能宰相。今儿个皇上这番宏论，从孔孟仁恕之道发端，譬讲三朝政治，虽然只是三个字'趋中庸'，却振聋发聩，令人心目一开。皇上圣学，真是到了登峰造极的地步。"其他人也都随声附和，乾隆大大满足了一把。张廷玉和李卫作为乾隆的臣下，都深知乾隆对自己的杂经和"宏论"引以为豪。而张李二人便恰如其分地，对其大加赞美，君臣之间的关系也更加融洽。

没有人不会被真心诚意的赞赏所触动。

抓住他人最胜过于别人的，最引以为豪的东西，并将其放在突出的位置进行赞美，往往能起到超乎意料的效果。在这一点上，有一个很经典的实例。

在镇压太平天国起义的过程中，一次，曾国藩用完晚饭后与几位幕僚闲谈，评论当今英雄。他说："彭玉麟、李鸿章都是人才，为我所不及。我可自许者，只是生平不好诳耳。"一个幕僚说："各有所长：彭公威猛，人不敢欺；李公精敏，人不能欺。"说到这里，他说不下去了。曾国藩又问："你们以为我怎样？"众人皆低头沉思。忽然走出一个管抄写的后生过来插话道："曾师是仁德，人不忍欺。"众人听了齐拍手。曾国藩十分得意地说："不敢当，不敢当。"后生告退而去。曾氏问："此是何人？"幕僚告诉他："此人是扬州人。入过学，家贫，办事谨慎。"曾国藩听完后说："此人有大才，不可埋没。"不久，曾国藩升任两江总督，就派这位后生去扬州任盐运使。

他人最想要的赞美一定是真诚的，不是那种公式般的赞美，千篇一律，最让人反感。

"久仰大名，如雷贯耳，您的生意一定发财兴隆"，"小弟才疏学浅，一切请阁下多多指教"，这些缺乏感情的，完全是公式化的恭维语，若从谈话的艺术观点看来，非加以改正不可。而言之有物是说一切话所必备的条件，与其泛说"久仰大名，如雷贯耳"，不如说"您上次主持的讨论会成绩之佳，真是出人意料"等话，直接提及对方的成就。若赞美别人生意兴隆，不如赞美他推销产品的努力，或赞美他的商业手腕；泛泛地请人指教是不行的，你应该择其所长，集中某点请他指教，如此他一定高兴得多。赞美的话一定要切合实际，到别人家里，与其乱捧一场，不如赞美房子布置得别出心裁，或欣赏壁上的一张好画，或惊叹一个盆栽的精巧。若要讨主人喜欢，你要注意灵活应对，主人爱狗，你应该赞美他养的狗，主人养了许多金鱼，你应该谈那些鱼的美丽。赞美别人最近的工作成绩，最心爱的宠物，最费心血的设计，这比说上许多无谓的虚泛的客套话更佳。

有的时候并不是什么伟大举动才值得让人赞美，相反一些微乎其微的小事别人会更期望得到你的肯定和称许。

如果某天早晨，你的丈夫偶然一次早起为你准备好了早餐，你不妨大大赞美他一番，那他今后起床做早餐的频率也许会更高。如果你的小孩，有一天非常小心地在家做好了晚饭等你回家，当你回到家中，不要吃惊孩子脸上的污渍，也不要惋惜已经摔碎的碗碟，先要将孩子赞美一番，即使孩子所炒的菜让人难以下咽。因为你的赞美可以让孩子所做的下顿或者是下下顿饭变成美味。在公司，如果某位职员，记述你口述的信件，速度比你想象得要快，不妨表扬他一下，今后他的工作就一定会更加卖力。

从一件小事上去赞美他人必须注重细节，不要对他人在细节上所花费的时间和心血视而不见，而要特别地对他人的这番煞费苦心表示肯定和感谢。因为对方所做的一些小事，既说明对方对你的偏爱，也说明他渴望得到肯定与赞扬。

真诚是赞美的必要元素

真实的赞扬是拂面清风，凉爽怡人；虚假的赞扬让人烦腻不堪。

有一次，一群朋友在一起聚会，吃饭的时候，大家交换名片，其中有一位来自报社，另一位试图对其进行称赞，一看是报社的，便稀里糊涂地说："哇，您是有名的大作家！"人家问："我怎么有名？"他说："我每次都看见你写的文章。"人家说："我的文章都在哪里？"他说："每次都是头版头条啊！"然后人家告诉他："真的吗？我是专门写讣告的。"讣告能在头版头条吗？显然是虚假的赞扬引起了别人的反感。但是这位先生仍然没有意识到自己的错误，看到旁边有一位小姐，聊了没几句，本来这位小姐长得很胖，他说："小姐，您真苗条！"小姐说："什么？说我苗条，我知道你是在骂我。"

不真诚的赞扬，给人一种虚情假意的印象，或者会被认为怀有某种不良目的，被赞扬者不但不感谢，反而会讨厌。言过其实的赞扬，不能实事求是，会使受赞扬者感到窘迫，也会降低赞扬者的水准。虚情假意的赞扬对人对己都是有害而无利的。

赞扬他人是一种能力，是根据心理学和组织行为学研究出来的，这是职场上的一种能力，不等于溜须拍马，溜须拍马可以说虚假的，但赞扬必须是真诚的发自于内心的实话。有一句话是这样说的：真实的赞扬是拂面清风，凉爽怡人；虚假的赞扬让人烦腻不堪。

真诚的赞美和"拍马屁"最大的区别在于是否发自内心。真诚的赞美起源于内心深处的一种"美感"，一种冲动，它反映了一个人对另一个人的认可：外表漂亮、言谈合自己的口味、行动敏捷、品格高尚……即在两个人之中，其中一个人在另一个人身上发现了符合自己理想和价值标准的可贵之处。我们认识这个人、了解这个人的时候，已经有一种无形的力量促使自己要去赞美他的一些优点。

但是"拍马屁"却不同，它不是发自内心地对另一个人的认可和钦佩，而是基于内心世界早已存在的一种目的，一种对眼前或日后能够收到"回报"的投资。"拍马屁"者在"赞美"他人的时候，脸上虽眉飞色舞，但有几分不自在；他的词语是火辣辣的，但他的内心却是一片冰冷。他在赞美一个人的时候，心里想着的只是如何顺利办完对自己利益攸关的事，如何获得自我满足。

因此，真诚成为赞美与拍马屁的区分线，它是赞美的必要组成元素。

真诚的赞美应该是合乎时宜的，在合适的氛围里发出的赞美会让人内心明亮，灿烂无比。当别人感觉到你的赞美是由衷的，那赞美的话就很容易被接受。

大音乐家勃拉姆斯是个农民的儿子，生于汉堡的贫民窟，没有受教育的机会，更无从系统地学习音乐，所以，对自己未来能否在音乐事业上取得成功缺乏信心。然而，在他第一次敲开舒曼家大门的时候，他一生的命运就在这一刻决定了。当他取出他最早创作的一首C大调钢琴奏鸣曲草稿，手指无比灵巧地在琴键上滑动，弹完一曲站起来时，舒曼热情地张开双臂拥抱了他，兴奋地喊道："天才啊！年轻人，天才……"正是这发自内心的由衷赞美，使勃拉姆斯的自卑消失得无影无踪，也赋予了他从事音乐艺术生涯的坚定信心。从那以后，他便如同换了一个人，不断地把心底的才智和激情流泻到五线谱上，成为音乐史上一位卓越的艺术家。

正是这一句由衷的赞美，创造了一位音乐大师。

在合适的氛围里，发出由衷赞美，会有意想不到的效果。

由衷的赞美是源于心灵深处的，它是深刻而强烈的；要入木三分地表达出来，将是绝佳之语。

对于发自内心的由衷之感，尽量用准确、贴切、深刻、生动、完整的赞美语言去说出来。

出其不意的赞美让人喜出望外

赞美的新意很重要，但更需要我们综合各方面的因素来翻出恰当的"新"意，否则便会弄巧成拙、适得其反。

一些人在公共场合赞美别人时，自己想不出怎样赞美，只能跟着别人说重复的话，附和别人的赞美。常言道：别人嚼过的肉不香。朱温手下就有一批鹦鹉学舌拍马的人。

一次，朱温与众宾客在大柳树下小憩，独自说了句："柳树好大！"宾客为了讨好他，纷纷起来互相赞叹："柳树好大。"朱温听了觉得好笑，又道："柳树好大，可做车头。"实际上柳木是不能做车头的，但还是有五六个人互相赞叹："可做车头。"朱温对这些鹦鹉学舌的人烦透了，厉声说："柳树岂可做车头！"这些鹦鹉学舌的人，最终得到了不好的下场。

在整日聚首的人际关系中，一家人之间或一个科室的同事之间，有些赞美很可能多次重复，已经形成某种公式和习惯了，这就没什么意义和作用，比如，某个处长每次开会总结工作的时候，都像例行公事一样对大家赞扬几句，其内容和说法总是笼统的那么几句话，就像是同一张唱片或同一盘录音带只是在不同的时间播放一样，让人感觉乏味。

但如果赞美加一点儿新意，鼓励作用就会更大。正如有人所说："一点儿新意，一片天空。"这样的话，赞美之术会更趋完美。

赞扬要有新意，当然要独具慧眼，善于发现一般人很少发现的"闪光点"和"兴趣点"，即使你一时还没有发现更新的东西，也可以在表达的角度上有所变化和创新。

对一位公司经理，你最好不要称赞他如何经营有方，因为这种话他听得多了，已经成了毫无新意的客套了；倘若你称赞他目光炯炯有神，潇洒大方，他反而会被感动。

赞美是所有声音中最甜蜜的一种，赞美应该给人一种美的感受。新颖的语言，是有魅力的，有吸引力的。简单的赞扬也可能是振奋人心的，但一种本来是不错的赞扬如果多次单调重复，也会显得平淡无味，甚至令人厌烦。一个女人就曾说过，她对别人反复说她长得很漂亮，已经感到很厌烦，但是当有人告诉她，像她这样气质不凡的女人应该去演电影，她笑了。

几乎所有的女人，都是很质朴的，但仪态万方这一目标，却是她们孜孜以求的。这是她们最大的虚荣，并且常常希望别人赞美这一点。但是对那些有沉鱼落雁之容、闭月羞花之貌的倾国倾城的绝代佳人，就要避免对其容貌的过分赞誉，因为对于这一点她已有绝对的自信。你可以转而去称赞她的智慧、她的品格。

赞美的新意很重要，但更需要我们综合各方面的因素来翻出恰当的"新"意，否则便会弄巧成拙、适得其反。马克·吐温曾经说过："一句好的赞美能当我十天的口粮。"我们每天都让新鲜的赞美流淌入他人的生活中，那么彼此对生活的积极性就会增强。

伶牙俐齿，
日常交往中必学的应酬话

第 **5** 章

说好皆大欢喜的祝贺话

当亲朋好友遇到大喜事时，我们都会表示祝贺。但倘若我们没有针对性地胡乱祝贺，没有说好祝贺话，那么我们的"热心"换来的很可能就是对方的"白眼"。

祝贺是人们在生活中经常遇到的，是人与人之间交往的一种礼仪。每当我们遇到人生中的大喜事时，如婚姻嫁娶、生儿育女等，亲戚、朋友都会通过某些方式表达祝贺。祝贺时要注意仪表端庄，举止适度，祝词应视对象、场合和内容而定。祝贺送礼要注意3点：

第一，男女之间不可送贴身衣物。

第二，除非对病人，一般不要送药物。

第三，送礼只是表示友情，并不是显示阔气，要量力而行，适可而止。切忌互相攀比，耗财伤情。

从语言表达的形式看，祝贺语可以分为祝词和贺词两大类。祝词是指对尚未实现的活动、事件、功业良好的祝愿和祝福之意，比如某重大工程开幕、某展览会剪彩要致祝词，前辈、师长过生日要致祝寿词，参加酒宴要致祝词等。贺词是指对于已经完成的事件、业绩表示庆贺的祝颂，比如毕业典礼上，校长对毕业生致贺词；婚礼上亲朋好友对新郎新娘致辞；对同事、朋友取得重大成就或获得荣誉、奖励致贺喜词等。祝贺要注意以下几点：

1. 情景性

祝贺一定要考虑到特定的环境、特定的对象、特定的目的，使之具有明确的针对性，因为祝贺一般是在特定的情景下进行的。

鲁迅有篇散文叫《立论》，讲到这样一个故事：一家人家生了个男孩，合家高兴透顶。满月的时候，抱出来给客人们看，大概是想得到一点儿好兆头。一个说："这孩子将来要发大财的。"他于是得到一番感谢。一个说："这孩子要做大官的。"他于是得到几句赞美。另一个说："这孩子将来是要死的。"他于是被大家合力痛打。

在这个故事中，这个说孩子将来是要死的人，他的话从理论上来说是没有错误的，可是他的话不适合此种情景。所以惹人厌恶是必然的事情。不顾当时的特定情景，讲不合时宜的话会招人唾弃。

祝贺总是针对喜庆之事，因此，不应说不吉利的话，应讲使人高兴的话。

2. 情感性

祝贺语要达到抒发感情，增进友谊的目的，必须要有较强的感染力，因此要求语言富有感情色彩，语气、语调、表情等都要带情感。

3. 简洁性

祝贺语简洁有力，才能产生强烈的感染力。

有些祝词、贺词是人们的临时发挥，但必须紧扣中心，点到为止，给听众留有回味的余地。

某人主持婚礼。婚礼一开始，主持人上前致辞：

我今天接受爱神丘比特的委托，为这对新人主持婚礼，十分荣幸。新郎新娘交换礼物。新郎为新娘戴上金戒指，新娘送给新郎英纳格手表。黄金虽然贵重，不及新郎新娘金子般的心；英纳格手表虽计时准确，也不及新郎新娘心心相印永记心间。

主持人的即兴贺词，得体而又热情，简洁而又明快，博得了阵阵掌声。

4. 礼节性

祝贺词一般需站立发言，称呼要恰当。不要看稿子，双目要根据讲话内容时而致礼于祝贺对象，时而含笑扫视其他听众。要同听者做有感情的交流。

应酬时要有话语储备

在社交场合，为了使自己的语言更具有说服力，我们不仅要针对不同的应酬储备相应的话语，还要学会巧妙地运用。

在社交活动中，最主要的事情就是"说"，即用语言去表述自己的观点。因此，掌握好说话技巧，让语言更具说服力，就得储备些具有说服力的词汇，并巧妙地运用这些词汇，以达到说服的目的。一次成功的社交，是绝对离不开具有说服力的语言的。

很多人之所以成功，很大程度上是因为他善于辞令。在人际交往中，第一印象显得非常重要，而口才好的人很容易给人留下美好的第一印象，优雅的谈吐可以使自己广受欢迎，更有助于事业的成功。

无论在什么样的场合，如果你能够用词简洁、表达清晰，再加上抑扬顿挫的语调，就能够吸引听众、打动他人。如果你善于辞令，再加上优雅的举止，在任何场合，你都会受到欢迎。这也可能成为你的秘密武器，能在不经意中助你成功。

拥有远大理想的人们，应该掌握谈话的技巧，提高驾驭语言的能力，在各种场合，做到谈吐优雅、应对自如、从容不迫。

不管你有什么样的梦想，首先必须掌握驾驭语言的能力，拥有让人羡慕的好口才。你也许不会成为律师或商界精英，但你每天都要说话，也就必然要借助语言的独特力量。要培养这方面的能力，就要研究修辞，尽力增加自己的词汇量，随时查阅工具书，注重平时的积累。如果你思想贫乏、词汇量少得可怜、阅历有限，是无法做到谈吐优雅、口才出众的。

语言表达能力是一个人综合能力的反映，从中可以看出他的才能、阅历和修养。不管他思维敏捷、条理清楚，还是思想懒散、不求上进；不管他治学严谨，还是做事马虎，都能从他的语言中看出来。

在国会参议员竞选中，林肯与种族歧视者道格拉斯展开了辩论，林肯说："我想，耶稣基督并不真正渴望任何一个凡人能和天父一样完美，但是他说：'由于你天上的父是完美的，但愿你也完美。'他把这个树立为标准，谁尽最大努力达到这个标准，谁就达到了道德完美的最高境界。所以我们要尽可能实现'人人生而平等'这个原则。即使不能给予每个人自由，至少不要做奴役人的事情。让我们的政府回到宪法制定者们最初安放的轨道上来吧！让我们把所有关于某个人或某个种族因为劣等所以必须受歧视的诡辩统统扔掉吧！让我们扔掉这一切，在这块土地上团结得像一个民族，直到我们再一次站起来宣布：人人生而平等！"

一个健谈者会表现出各方面的素养：判断准确、思维敏捷、机智灵活、精力集中等。健谈者还必须慷慨大度、心胸开阔。在交谈时，他应该充满爱心，不随意公开别人的缺点与不足，不触及对方的难言之隐，对听者表现出强烈的兴趣，而不是用语言来伤害对方。善于辞令者应该表现出丝丝入扣的分析能力、缜密的逻辑推理能力，有自己独到的见解。

在谈话前做好充分的准备，才能增强自己的自信心，才能拥有一种感染人的魅力。因此，平时就要加强语言储备。

餐桌上会说话，感情上好沟通

餐桌是交流感情、拉近彼此距离的一个重要场所，聪明的人在餐桌上会巧说话，借由请客吃饭沟通感情，拉近彼此之间的距离。

无论在哪个国家，参加宴会绝不只是为了吃东西，而是在交流。既然是交流，就少不了要说话，那么餐桌上应当怎样说话呢？

在正式用餐之前，通常主人会先招待客人喝点儿餐前酒，吃些小点心，一方面开开胃，另一方面也可等到客人来齐了再上桌。这是你与其他客人建立联系、交流信息的最佳时刻。不妨趁此机会主动与其他人交流，帮助主人照顾好别的客人，使聚会的气氛更加活跃。

在一场由营销业人士参与的宴会上，幽默的宴会主持人说："我们得先规划一下市场，大家千万不要喝出状况了，请各位先对自己做好定位啊！"宴会上少不了做自我介绍，刘先生第一个开口："我来做一下前期炒作吧！"老朋友李先生也站起来："来来来，我们做个联合炒作，一起推销吧！"其他人一听，乐了："你们蛮会做关系营销嘛！不过，可千万别搞恶性竞争啊！"

并非每个人都有新闻发言人那样的口才，也不可能"上知天文下知地理"，所以在与人交流时，难免会遇到一时答不上来的问题，这时不要感到太难为情，也不要不懂装懂，应该先弄清楚对方的意图，然后尽你所能地帮助对方解疑释惑。

不管是商业交流，还是朋友聊天，都要注意语言表达的得体。同时，要尽量使自己的语言表达具有幽默感，营造一个和谐、轻松、愉悦的氛围。

"无功不受禄"，请客要找好理由

请客的理由也五花八门，生日、乔迁、工作调动、开业典礼等都能成为请客的理由，但是，找一个好理由宴请别人是最重要的。

中国有句古话叫"无功不受禄"。因此请别人吃饭一定要找个合适的理由，恰当的宴请能大大拉近人与人之间的距离，从而提高办事的成功率。如果对方能欣然赴宴，那么求他办的事也就等于成功了一半。

根据办事的性质、对象而采取不同的方式发出邀请。如大多数学者、专家等，工作忙、时间紧，公开邀请，甚至借助传播媒介，既能体现公正无私、光明磊落，又有利于引起关注、促进宣传、扩大影响。

对别人发出邀请，可采用开门见山的方式，例如，当你想邀请上级领导吃饭时，可以直接说："请问是徐经理吗？我们现在在某某酒楼吃饭，过来认识几个朋友吧，我们等你来啊。"这种方式自然亲切。或者采用借花献佛式，例如，"陈工！今天获奖名单公布了，我中奖了！走吧，我们去庆祝庆祝！"然后在酒宴上再提自己求他所办之事，那时候他酒都喝了，哪好意思不帮你？喧宾夺主式，例如，"哦！你中午没有时间啊？没有关系，这样吧，下午我去定个位置，然后晚上你带上家人，我们一起去吃饭怎样？晚上我给你电话！"这样发出的邀请，别人就很难再有借口推辞了。你也就有了接近对方、求其办事的机会。

请客的理由也五花八门，生日、乔迁、工作调动、开业典礼等都能成为请客的理由，但是，找一个好理由宴请别人是最重要的。

点菜是一项"硬功夫"

如果你是作为赴宴者出现在宴席上，在点菜时，不应该太过主动，而要让主人来点菜。

点菜是摆在众人面前一道严峻的选择题。如果菜安排太少，会怠慢客人；反之安排太多，则会造成浪费，引起他人误解。所以，点菜是一个人饮食文化修养的集中表现，是一项复杂的工作，值得大家探讨。

作为请客者，若时间允许，应等客人到齐之后，将菜单给客人传阅，并请他们来点菜。当然，如果是公务宴请，要控制预算，最重要的是要多做饭前功课，选择合适档次的请客地点非常重要。一般来说，如果由你来埋单，客人也不太好意思点菜，都会让你来做主。

如果你的上司也在宴席上，千万不要因为尊重他，或是认为他应酬经验丰富，酒席吃得多，而让他来点菜，除非是他主动要求，否则，他会觉得不够体面。

如果你是作为赴宴者出现在宴席上，在点菜时，不应该太过主动，而要让主人来点菜。如果对方盛情要求，你可以点一个不太贵、又不是大家忌口的菜，最好征询一下同桌人的意见，特别是问一下"有没有哪些是不吃的"，或是"比较喜欢吃什么"，要让大家有被照顾到的感觉。点菜后，可以请示"我点的菜，不知道是否合几位的口味"，"要不要再来点儿其他什么"等。

点菜水平的高低直接影响进餐的心情和氛围，在点菜时一定要做到心中有数，牢记以下3条原则：

第一，一定要看人员组成，人均一菜是比较通用的原则。如果是男士较多的餐会可适当加量。同时，要看菜肴组合。一般来说，一桌菜最好是有荤有素，有冷有热，尽量做到全面。如果桌上男士多，可多点些荤菜，如果女士较多，则可多点几道清淡的蔬菜。

第二，若是普通的商务宴请，可以节俭些。如果这次宴请的对象是比较关键的人物，则要点上几个够分量、拿得出手的菜。

第三，点菜前要对价格了解清楚，点菜时不应该再问服务员菜肴的价格，或是讨价还价，这样会让你在对方面前显得有点儿小家子气，而且被请者也会觉得不自在。

中餐宴席菜肴上桌的顺序，各地不完全相同，但一般普遍依循下列6项原则：即先冷盘后热炒；先菜肴后点心；先炒后烧；先咸后甜；先味道清淡鲜美，后味道油腻浓烈；好的菜肴先上，普通的后上。一般情况下，点菜也要遵循这个顺序。

宴会结尾细节决定成败

当宾客离去时，宴会主人应像迎接宾客一样站在门口与他们一一握别。

俗话说："编筐编篓，重在收口。"宴会也不例外。宴会虽然结束了，但并不意味着你就可以完全放松下来了，你还需要做好很多细节性的事情，才能让你的好形象留在宴请对象的心里。有很多人就是因为不重视宴会结束时的几个小细节，因此使得自己之前费尽心思保持的好形象瞬间崩溃，公关办事也变得一波三折。那么，宴会结束时应该注意哪些细节呢？

1. 宴会结束的时间

一般来说，当主人把餐巾放在桌子上或者从餐桌旁站起身来，即表明宴会结束。只有看到这种信号以后，宾客才可以把自己的餐巾放下，站起身来。

正餐之后酒会的告辞时间按常识而定，如果酒会不是在周末举行，那就意味着告辞时间应在晚间十一点至午夜之间。若是周末，则可晚一些。除非客人是主人的亲密朋友，否则一般都不应该在酒会的最后阶段还坐在那里。

2. 离席的先后顺序

当宴会结束，离开餐桌时，不应把座椅拉开就走，而应把椅子挪回原处。男士应该帮身边的女士移开座椅，然后再把座椅放回餐桌边。要注意，有些餐厅比较拥挤，贸然起身，或使手提包、衣服等掉落在地上，或碰到人，打翻茶水、菜肴，失礼又尴尬。离席时让身份高者、年长者和女士先走，贵宾一般是第一位告辞的人。

3. 热情话别

当宾客离去时，宴会主人应像迎接宾客一样站在门口与他们一一握别。当宾客成群离去时，也应送至门口，挥手互道晚安，并应致意说："非常感谢各位的光临，真谢谢你们把宴会的气氛维持得这样好。"不要以时间过早为由挽留客人，如果是星期天晚上，你尤其不宜说："现在还早得很，你绝不能这么早走，太不给我面子了！"要知道多数人次晨都要早起。对于迟迟还不离去的客人，他们明显地热爱这气氛，这时你可停止斟酒或停止供糖果瓜子等，以此暗示客人该是离去的时候了。

有的主人为每一位出席者备有一份小纪念品。宴会结束时，主人招呼客人带上。除主人特别示意作为纪念品的东西外，各种招待品，包括糖果、水果、香烟等都不能拿走。

商务宴会上的不宜话题

不是你不坦率，坦率是要分人和分事的，从来就没有不分原则的坦率，什么该说什么不该说，心里必须有谱。

不恰当的话题会招来不必要的麻烦，以下话题是在宴会上不宜涉及的：

1. 薪水问题

很多公司不喜欢职员之间谈论薪水，因为同事之间工资往往有不小的差别，"同工不同酬"是老板常用的手法，用好了，是奖优罚劣的一大法宝，但它是把双刃剑，用不好，就容易引发员工之间的矛盾，而且最终会调转枪口朝上，矛头直指老板，这当然是他所不想见到的，所以他对好打听薪水的人总是格外防备。有的人打探别人时喜欢先亮出自己，比如先说"我这月工资……奖金……你呢？"如果他比你钱多，他会假装同情，心里却暗自得意。如果他没你钱多，就会心理不平衡了，表面上可能是一脸羡慕，私底下往往不服，这时候你就该小心了。背后做动作的人通常是你开始不设防的人。

关于薪水问题，有两点需要注意。首先你不要做这样的人。其次如果你碰上有这样的同事，最好早做打算，当他把话题往工资上引时，你要尽早打断他，说公司有纪律不谈薪水；如果不幸他语速很快，没等你拦住就把话都说了，也不要紧，用外交辞令冷处理："对不起，我不想谈这个问题。"有来无回一次，就不会有下次了。

2. 私人生活

无论你是失恋还是热恋，都别把情绪带到工作中来，更别把故事带进来。不要说起来只图痛快，不看对象，而到事后懊悔不已。要知道说出口的话如同泼出去的水，再也收不回来了。

商场上风云变幻、错综复杂，把自己的私域圈起来当成商务话题的禁区，轻易不让公域场上的人涉足，其实是非常明智的一招，是竞争压力下的自我保护。"己所不欲，勿施于人"。如果你不先开口打听别人的私事，自己的秘密也不易被打听。

千万别聊私人问题，也别议论自己公司或客户公司里的是非长短。你以为议论别人没关系，用不了几个来回就能"烧"到你自己头上，引火烧身，那时再"逃跑"就显得被动了。

3. 家庭财产

不是你不坦率，坦率是要分人和分事的，从来就没有不分原则的坦率，什么该说什么不该说，心里必须有谱。

就算你刚刚新买了别墅或利用假期去欧洲玩了一趟，也没必要拿到宴会上来炫耀，有些快乐，分享的范围越小越好。被人妒忌的滋味并不好受，因为容易招人算计。

无论露富还是哭穷，在宴会上都显得做作，与其讨人嫌，不如知趣一点，不该说的话不说。

4. 黄腔黄调

有些人为了活跃气氛，喜欢说一些黄色笑话，实在是不明智的做法。大多数的人说黄色笑话往往成了下流不堪的话，造成对方的尴尬，弄不好还惹上"性骚扰"的罪名，得不偿失。除了尽量避免说黄色笑话外，还要学会如何应付对方向你开黄腔。许多女性对于男同事的黄腔采取好言相劝或不理不睬，装作自己"耳背"没听见，这样会使男同事认为你软弱好欺负，他们不但不会"同情"你，反而会变本加厉。理想的方式是巧言以对，既对他们的话表示抗议，又运用机智和幽默的口吻含蓄地进行还击。识趣的男同事会自讨没趣地拍拍屁股走开。

千万别装作听不懂，越是听不懂，对方基于捉弄的心理，越会说给你听。如果无法阻止对方住口，干脆起身避开，来个耳不听为净。

别把应酬当作承诺

聪明人懂得："场面之言"是日常交际中常有的，而说场面话也是一种应酬的技巧和生存的智慧。

在商务应酬中，我们要学会说场面话，给别人一点儿甜头，但万万不可轻信别人的一时之言。轻信别人的场面话，是非常不可取的。

一个人不可能完完全全地在别人面前表现最真诚的一面，正如一个人不能把别人说过的每一句话都信以为真一样。场面话，总是可说不可信，一旦你违背了这条原则，善良便会退化为愚钝，真诚也会成为伤害自己又危及他人的利器。

坦露之心犹如在众人面前摊开的信，那些心有城府的人总是懂得潜藏隐秘，所以他们说的话大都只是些场面之言。"说者无意听者有心"，如果你把别人的这些话都当成真的话，就只能证明你的天真和幼稚。

人往往会呈现多面性，在不同的时空，善与恶会因不同的刺激而以不同的面貌呈现。也就是说，本性属"恶"的人，在某些状况之下也会出现"善"的一面；本性属"善"的人，也会因为某些状况的引动、催化而出现"恶"的作为。而何时何地出现"善"与"恶"，人自己也无法预测及掌握。所以，当萍水相逢之人在你面前做出承诺时，不能被这一时的"善"意冲昏了头脑，应保持理智，让自己回到真实的生活轨道上来。

对于称赞的"场面话"，你尤其要保持冷静和客观，千万别因别人的两句话就乐昏了头，那会影响你的自我评价。冷静下来，反而可以看出对方的用心。

对于拍着胸脯答应的"场面话"，你只能持保留态度，以免希望越大，失望也越大；只能"姑且信之"，因为人情的变化无法预测，你既然猜测不出别人的真心，就只好抱持最坏的打算。要知道对方说的是不是场面话也不难。事后求证几次，如果对方言辞闪烁、虚与委蛇，或避不见面、避谈主题，就说明那些真的是"场面话"。所以对这种"场面话"，也要有所区分，否则可能会坏了大事。

什么是"场面话"？简而言之，就是让别人高兴的话。既然说是"场面话"，可想而知就是在某个"场面"才讲的话。这种话不一定代表内心的真实想法，也不一定合乎情理，但讲出来之后，就算别人明知道你"言不由衷"，也会感到高兴。聪明人懂得："场面之言"是日常交际中常有的，而说场面话也是一种应酬的技巧和生存的智慧。

但从另一个角度来讲，如果别人在某些特定的场合、特定的际遇下对你说了一些场面话，作为听众的你千万不可把这些场面之言当真。

殡葬场上巧说安慰人的话

丧葬场合本是气氛低迷的场合，家属的心情更是悲痛，在丧葬场合说好安慰人的话十分重要。

关怀及安慰对于亡者的亲属很必要，一些过度的举动，例如号啕大哭，应避免，在措辞上也应注意，慰问语一般可以说："这次事情真令我悲痛，请节哀顺变。""这次事情太突然了，请保重身体。"

丧事时忌讳使用"死""惨"等使人联想到不幸的词汇。葬礼会场是肃穆的，吊唁者言辞应收敛，高谈阔论、嬉笑打闹都是对亡者及家属的不敬。说话压低声音，举止轻缓稳重，才能显出你的诚意和风度。除了说话，葬礼上还须遵守以下一些礼仪：

1. 参加葬礼的服装要求

各个国家在丧礼的具体形式上，根据死者生前的宗教信仰不同而有不同的规矩。但是无论怎样，如果应邀参加丧礼，女性应穿深色正式服装，内穿白色或暗色衬衣，不可穿红戴绿，不用花手帕，切忌浓妆艳抹。不戴鲜艳的围巾，尽量避免佩戴饰物，如需要可考虑白珍珠或素色饰品，避免佩戴黄金。

2. 葬礼致意的礼数

接到"讣告"的亲友熟人，可以写唁函、发唁电给死者的家属，以示哀悼。

送花可在葬礼举行前，通过葬礼承办人或花店办理。送花时，应附上写有悼唁字句或"献给×××"字样的飘带，并附有赠花者的姓名，要注意外国习惯不用纸花。也有的人写挽联、诗或文章以纪念死者。很亲近的亲友可以登门吊唁，并帮助家属治丧。但如死者的亲人不愿接见亲友，则不应当登门致哀。

非宗教性的葬礼，常常就在公墓的礼堂或墓地举行。葬礼应始终保持庄严肃穆的气氛。人们深思默祷，向死者沉痛致哀。在西方参加葬礼一般不号啕大哭，不要过分流露悲伤，因为那会增加死者亲属的悲痛。同死者家属握手时，可以不说话，也可以低声说几句表示悼唁和慰问的话，如"请节哀""多保重"等。在葬礼进行时，不要目不转睛地注视着哀伤的死者亲属。吊唁者不可三五成群，窃窃私语，不可漫不经心，东张西望，行礼时动作要真挚自然。

对症下药，
让别人心悦诚服的说服术

第 6 章

让引导成为说服的第一手段

要想说服别人，我们就要想办法让别人认可我们的想法，而引导术无疑是让别人认可我们的想法的有力的劝导术。

与他人理论时，你的想法必须得到对方的认可。为了达到成功说服的目的，我们必须采取一些方法及手段，而引导，正是在这一过程中必须采用的手段之一。引导说理，心平气和，步步引导，耐心商讨，别人才易于接受。引导技巧的关键在"引"字，立足在"导"字。要诱得巧妙，导得自然，应做到4点：

1. 有目的地诱导

要有明确的说明目的，有的放矢，所有的诱导内容，都要紧紧地为总目的服务。

古时候，有一位父亲得知儿子染上了赌博的恶习，便给他写了一首戒赌诗，以诗说理规劝。诗曰："贝者是人不是人，只因今贝起祸根。有朝一日分贝了，到头成为贝戎人。"

儿子看后，不解其意。父亲给他一一指道："贝者是赌，今贝是贪，分贝是贫，贝戎是贼。赌、贪、贫、贼是每一个赌博之徒的必由之路。"儿子听了，立刻幡然醒悟，弃赌从良，自食其力。

这位父亲劝子戒赌的方法巧就巧在：第一，以诗劝子方法新颖，让儿子去思考其中的含义；第二，当儿子百思不得其解时，一语道破诗意，道出"赌博必定贫穷，强盗出于赌博"的道理，使儿子恍然大悟。这种有目的的引导方法往往能收到较好的劝说效果。

2. 有步骤地诱导

既有总体设计，又有分步计划。每一步怎样引导，怎样发问，谈话前都要经过深思熟虑，胸有成"话"。这样，环环紧扣，步步深入，最后矛盾凸显，引导对方在无法解决的矛盾面前自我否定。

某饭店服务员小刘捡到顾客遗失在店内的手机，想悄悄据为己有，被领班董大姐发现了，让她上交，可小刘说："手机是我捡的，又不是偷的，更不是抢的，不上交也不犯法。"董大姐说："小刘，你知道什么叫作不劳而获吗？""不知道！"小刘嘟着嘴回答。董大姐："你看，不劳而获是不经过劳动而占有劳动果实。说得确切点儿是占有别人的劳动果实！""你什么时候学会咬文嚼字了？"

小刘有点儿不耐烦了，董大姐耐心地问："你说，抢别人的东西是不是不劳而获？""是的。""你说，偷别人的东西是不是不劳而获？""当然是。""那么，捡到别人的东西据为己有是不是不劳而获呢?""这……"小刘顿时语塞。

董大姐顺势教育道:"拾到别人的东西据为己有,和偷、抢得来的东西,在不劳而获这一点上是相通的,除了国家法律,我们还应该有一定的社会公德,再说店里也有工作守则,拾到顾客遗失的物品要交还,你可不能犯糊涂啊!"

经过董大姐的教育,小刘终于认识到自己行为上的错误,把手机交了出来。

在这里,董大姐避开小刘振振有词的歪理,而是有意和她弄清楚一个看似与论题无关的"不劳而获"的意义,再诱导她由大及小,从面到点,步步推进,最后才切入实质性问题:拾到东西据为己有,同偷、抢一样是"不劳而获",是同样可耻的行为。一席话使小刘受到了教育。

总之,说服的过程是说服者对被说服者攻心的过程,也是被说服者心理渐变的过程。运用"层渐递进"的说服技巧,从理论上讲,符合心理学的基本规律;从实践中看,只要运用得恰当巧妙,就能取得理想的说服效果。

3. 有预见地引导

在引导之前要考虑到对方会怎样讲,可能有几种讲法,怎样随机应变。这样才能使自己的引导不会变成"哑炮",一个人唱独角戏。要使自己的引导能引出对方的话,开启其思路,就要做通盘打算。

新转入某班的方方同学,做作业马虎、潦草。老师把他叫到办公室，拿出一本字迹工整的作业递给他说："你看这位同学的作业写得怎么样？"方方看了一眼，没说什么。老师又拿出一本字迹潦草、错误较多的作业给他看，并说道："你看这本作业怎么样？"方方看了一眼，说："跟我的作业差不多。""你再看看这两个作业本上的名字。"老师温和地说。这一回，方方疑惑了："都是李林的？"

老师抓住时机，耐心地说："差的一本是李林同学去年的作业，这一本是他现在的作业。你现在的作业和李林同学去年的作业差不多，但这不能说明你永远是这样。李林同学经过半年的努力，能写出工整漂亮的作业，老师相信你一定会像李林一样，用不了多长时间就能将作业写好。"老师这段谈话，言此意彼，既维护了学生的自尊，又起到了指出其不足，勉励进步的目的。

方方的老师已经预测出他的每一句问话方方会怎样去回答，然后，他根据方方的回答顺势劝导，起到了较好的说服效果。

4. 有诚意地诱导

诚恳开导，不讽刺，不挖苦，这样才能使得对方心悦诚服。此法的好处是容许被说服者在接受说服的过程中，存在一个认识过程，获得一些全新的知识。

用引导技巧说服人，要认真构思，事先把各个关节想清楚，谈话中又要针对实际情况，灵活应变。

充满感情的话语才能打动他人

劝说，必须在"晓之以理，动之以情"上大下功夫。而在劝说者与被劝说者之间矛盾尖锐、情绪对立时，说理往往难以奏效，这时，就需要"动之以情"了。换言之，用充满感情的话语更容易赢得别人的尊重和信服。

简单的事情、小道理，用一两个典型事例，再加上简明、扼要的分析，就可以讲清楚。但是，复杂的事情、大道理，涉及多方面的因素，触动一点就牵动全局，则必须全方位、多层次、多角度地进行一系列的说服工作，从多方面展开心理攻势，并辅以严密的逻辑推理，而后才能水到渠成地得出结论。这个结论最好是不要由自己单方面推断出来教给对方，应当以征询意见的口气引导对方同你一起来推理，共同探讨得出结论。让他把你的意见、主张，当作自己寻求的答案，自愿接受，自动就范。这样的说服才是高明的说服。因为对于经过自己头脑思考发现的真理，人们更坚信不疑。晓之以理，要满怀信心，争取主动，先取攻势。当对方已明确、坚决地表示不同意见之后，再说服他，就要付出加倍的努力。当然，争取主动仍要运用委婉、商榷的语气，切忌盛气凌人、以势压人。

很多说服者在说服他人时，往往能在催人泪下的同时，不露痕迹地对听众施加影响，使人不知不觉地接受，这就是情感的力量。对于形象思维强于逻辑思维的青少年儿童，对于多数平日没有深刻的理论思维习惯的人，以事比事，将心比心，运用其自身或熟人的经验教训，再加上感情色彩浓厚的语言，去进行绘声绘色的诉说，易令人感到亲切可信，引发情感上的共鸣，从而为接受道理扫清了障碍，铺平了道路。

数学家苏步青上小学时，成绩特别差，年年期末考试都是倒数第一。这种情形，就如同把名次靠前的同学的名字"背"在自己身上一样，所以人称"背榜生"。有一次他又逃课了，老师找到他，告诫道："你不读书，别人怎么会看得起你呢？看不起你的原因，不就因为你是背榜生吗？如果你考前几名呢？你知道牛顿吗？他也生长在农村，到城里念书时成绩也不好，同学都欺负他瞧不起他。一次，一个成绩名列前茅的同学还故意把他打得趴在地上——他凭什么？不就是成绩比牛顿好、身体比牛顿壮吗？别看平时牛顿不敢惹他，这回可不一样了。只见牛顿猛地翻身跳了起来，将那个打他的同学逼到了墙角。那个同学一见牛顿如此勇猛，不由得害怕了，只得认输，从此再也不敢欺负他了。从这件事上，牛顿得到了启发，只要有骨气，肯拼搏，就能取胜。从此他努力学习，终于取得全班第一名的好成绩。"老师在一系列的反问中，苏步青第一次听到了一位大科学家奋发图强的事迹，这无疑使他的心灵受到极大的震动。从此他不断地发愤学习，终于使自己的学习成绩得到根本的改变。

心理学研究表明，当一个人处于愧疚、自责、害怕、焦虑等情绪中时，较易接受劝说信息。因此，说服者应设法通过具体生动的现身说法，帮助说服对象。再以利害关系的强烈对比等方法去感染和警示对方，使他悔悟。那些是非观念很强的人，理难服他，情难动他，但是，如果你能把其中的利害关系给他剖析得明明白白，他一定会仔细考虑你的意见，因为趋利避害是人的本性。

有个出租车女司机在夜晚时把一个男青年送到指定地点时，对方突然掏出尖刀逼她把钱都交出来，她装作害怕样交给歹徒300元钱说："今天就挣这么点儿，要嫌少就把零钱也给你吧。"说完又拿出20元找零用的钱。见"的姐"如此爽快，歹徒有些发愣。"的姐"趁机说："你家在哪儿住？我送你回家吧。这么晚了，家人该等着急了。"见"的姐"是个女子又不反抗，歹徒便把刀收了起来，让"的姐"把他送到火车站去。见气氛缓和，"的姐"不失时机地启发歹徒："我家里原来也非常困难，咱又没啥技术，后来就跟人家学开车，干起这一行来。虽然挣钱不算多，可日子过得也不错。何况自食其力，穷点儿谁还能笑话我呢！"见歹徒沉默不语，"的姐"继续说："唉，男子汉四肢健全，干点儿啥都差不了，走上这条路一辈子就毁了。"火车站到了，见歹徒要下车，"的姐"又说："我的钱就算帮助你的，用它干点儿正事，以后别再干这种见不得人的事了。"

一直不说话的歹徒听罢突然哭了，把300多元钱往"的姐"手里一塞说："大姐，我以后饿死也不干这事了。"说完，低着头走了。

人类是感情动物，每个人都希望得到他人的尊重和爱护。每当受到了他人的关心，随之便产生了感恩之情，就很容易接受说服者的意见和建议。说服不是压制，心理学上有"对抗理论"，人们都喜欢自由支配自己的活动，而不愿听从他人发出的强硬的命令。鉴于这种心理的存在，在说服他人的时候，一定要充满感情，至少要用商量的语气，以保证不伤对方的自尊，这样才有利于取得良好的说服效果。

设身处地，说服时要站在对方的立场上

很多"双输者"的教训都是当事人一味地打自己的算盘，寸土不让，结果导致两败俱伤。而要想实现双赢，方法其实很简单，就是站在别人的立场上想问题。

琼斯是芝加哥一位富有的慈善家，他把大量的时间和金钱都花在心脏病的研究上，这是他最热心的一桩事业。国会参议院的一个委员会正在就建立全国心脏病基金会的可能性进行调查，要求琼斯到会作证。为了准备发言，他请教了一些最优秀的专家。民间的心脏病研究组织配合他的工作，为他准备了递交给参议员的呼吁书和简明翔实的文件。

当他带着准备好的发言材料去出席听证会时，发现自己被安排在第六个发言作证，前五人都是医生、科学家及公共关系专家，这些人终生从事这方面的工作，委员还会对他们每个人的资格一一加以盘问，甚至会突然问道："你的发言稿是谁写的？"琼斯看出，缺乏医学专业知识的议员，对专家们内容高深的演讲半信半疑。轮到琼斯发言

了，他走到议员们面前，对他们说：

"先生们，我准备了一篇发言稿，但我决定不用它了。因为我不能同刚才已发表过高见的那几位杰出人物相比，他们已向你们提供了所有的事实和论据，而我在这里，则是要为你们的切身利益而呼吁。你们是美国的优秀分子，肩负重大的责任，决定美国的沉浮，现在你们正处于生命最旺盛时期，处一生事业的顶峰，你们日夜为国家呕心沥血，工作十分紧张和辛劳。正因为如此，你们的心脏最有可能受到损害，你们最容易成为心脏病的牺牲者。为了你们自己的健康，为了你们家庭中时常祈祷你们安康的妻子和儿女，为了千千万万个把你们送进这个大厅的选民们，我呼吁和恳请你们对这个议案投赞成票！"

琼斯面带感情，慷慨陈词，一口气说了3个小时，议员们被彻底地征服了。不久全国心脏病基金会就由政府创办，琼斯成为首任会长。

琼斯站在议员们的立场上，直接指出了心脏病对议员本身的威胁，使对方不得不通过这项有利于自身的法案。这是这篇演说辞成功的关键。

有一位先生，辛辛苦苦赚了十几年的薪水后，终于买得一块理想的地皮，并着手修建房屋。他整天都笑逐颜开，在城市里生活，谁不想拥有一栋属于自己的房子呢？谁知事情发生了变化，他突然接到公司的命令，要他到欧洲某个国家主持分公司的工作。这下他乱了阵脚，简直不知道该如何是好。

他想去又放心不下正在动工的房子，想留下又怕影响自己的事业，真是左右为难。不过，他很快就拿定主意，立刻与建筑公司取得联系，通知对方要停止后续工程并解约。

建筑公司负责人认真地听了他的理由，然后从容不迫地说："哦！这确实是件大事，事情既然这么突然，那就得尽快解决。不过，先生，我想提醒你一句，建造这样一栋房子，是你这一生中的一件大事，或许你一生就只修建一次房子，况且工程都已经过半，停工将会有很大的损失，是否应该考虑清楚后再做决定呢？"

那位负责人的话似乎在说，这件事如果处理不当，将会影响自己的一生，千万不能因眼前的某件事而改变终身长远的计划。

本来已经决定解除房屋修建契约的人，最终放弃解约的念头。

这位建筑公司负责人是说话高手中的高手，虽然短短几句话，却深藏着高明的策略在其中。

首先，他先站在对方的立场上想，这么一来，对方在心理及认知上，就会把他当成同路人。

其次，他强调盖房子不是开玩笑的，每个人一生或许就只有一次机会盖房子，千万不能儿戏。

最后，他又回到现实，强调如贸然停工，费用上会有极大的损失；综合这两个重要且不利于当事人的结果，再下结论，请当事人三思而行，自然会让对方心中一震，如大梦初醒，心中感激这位老板，要不然他可能就做错了决定。

一位哲人说过：婚姻没有你赢我赢，只有双赢或双输。不光是婚姻，在人生的其他方面，这句话同样有效。很多双输者的教训都是当事人一味地打自己的算盘，寸土不让，结果导致两败俱伤。而要想实现双赢，方法其实很简单，就是站在别人的立场上想问题。这是一种逆向思维，需要拿出过人的眼光、勇气及大度的心胸，还要做好舍己为人的准备。

很多时候，如果我们及时调整心态，站在对方的立场上思考问题，就会转被动为主动，迅速博得谅解与认同。实践证明：对善于"投桃"的人，现实总会对他"报李"，从而化腐朽为神奇。

循序渐进，说服别人需要耐心

说服别人并不是三言两语就可以搞定的事，说服别人需要的是耐心。因此，我们在说服别人时要循序渐进，耐心地、一步步地说服别人。

作为一名说服者，不到最后的时刻，永远不要放弃你的说服目标。

1928 年，著名的松下公司急需一笔项目的建设资金。当时的松下公司还处于起步阶段，公司账面上的钱远远不够，只能向银行贷款。

松下和有联系的银行负责人见面，说明公司的项目要求贷款。银行经理详细询问了整个项目的细节，决定和总行协商后再做出答复。

三天以后，总行答复：同意贷款，但要以土地、建筑物乃至松下的"信誉"作担保。

尽管贷款有了着落，但却不是松下所希望的那种方式。对银行方面的做法，松下心中不大满意：以松下的"信誉"作担保，总让人觉得不那么舒服，如果在投资上真的遇到风险，那么把松下的"信誉"赌了出去，松下公司将如何发展呢？在松下看来，信誉是无价的。松下考虑，最理想的结果应该是无担保贷款。于是松下向银行方面表示："对贵行的决定，我表示衷心感谢。但如果以不动产作担保，恐怕会影响到企业的形象，不仅对公司不利，将来对贵行可能也会有所影响。所以，我冒昧地请求，贵行是否可以提供无担保贷款？"

银行方面显得有些犹豫不决。松下接着说："偿还贷款，给我们公司两年时间就足够了，请放心。我厂的土地权利书和建筑物权利书，都可以交由贵行保存。我很希望贵行能给松下公司一次机会。"

经过松下的耐心说服，银行方面终于同意了松下的请求，答应再和总行联络。三天以后，银行通知松下，决定对松下公司提供无担保贷款。

如果你的观点是对的，一时说不服人家，你很可能会犯过分心急的毛病。当然，如果人家听了你劝说，立刻点头叫好，改弦易辙，并称赞你"一言惊醒梦中人"，这自然是最妙不过的。实际上，这样的情况并不多见。别人的看法、想法、做法，不是一天形成的。"冰冻三尺，非一日之寒"，要对方改变看法也绝非一日之功。有时，即使他当时表示了心悦诚服，你还要让他回去好好考虑。因为积习难改，当面服了，回去细想可能还会出现反复。即使真是如此，也千万不能指责对方是"当面一套，背后一套"。可见，说服别人要循序渐进，要有耐心。因为有时候，说服本来是可以取得更好效果的，但因为说服人认为已经达到了说服的目的，早早地放弃了说服，就会使得本来有可能更有利的局势毁于一旦。因此要想说服他人，要遵循以下3个步骤，循序渐进：

1. 了解对方的想法

想要让对方同意你的意见，第一步就是要设法先了解对方的想法。很多人为了说服对方，就精神十足地拼命说，说完了七成，只留下三成让客户"反驳"，这样如何能顺利圆满地说服对方？所以，应尽量将原来说话的立场改变成听话的角色，去了解对方的想法、意见以及其想法的来源，这才是最重要的。

2. 先接受对方的想法

当你感觉到对方仍对他原来的想法坚信不疑时，最好的办法就是先接受他的想法，甚至先站在对方的立场发言。先接受对方的立场，说出对方想讲的话。为什么要这样做呢？因为当一个人的想法遭到别人一无是处的否决时，极可能为了维持尊严或咽不下这口气，反而会变得更倔强地坚持己见，排斥反对者的新建议。

某家庭电器公司的推销员挨家挨户推销洗衣机，当他到一户人家里，看见这户人家的太太正在用洗衣机洗衣服，就忙说："哎呀！这台洗衣机太旧了，用旧洗衣机是很费时间的，太太，该换新的啦……"

结果，不等推销员说完，这位太太马上驳斥道："你在说什么啊！这台洗衣机很耐用的，到现在都没有故障，新的也不见得好到哪儿去，我才不换新的呢！"

过了几天，又有一名推销员来拜访。他说："这是令人怀念的旧洗衣机，因为很耐用，所以对太太有很大的帮助。"

这位推销员先站在太太的立场上说出她心里想说的话，使她非常高兴，于是她说："是啊！这倒是真的！我家这部洗衣机确实已经用了很久，是太旧了点儿，我倒想换台新的洗衣机。"

于是推销员马上拿出洗衣机的宣传小册子，提供给她做参考。

这种推销说服技巧，确实大有帮助，因为这位太太已被动摇而产生购买新洗衣机的想法。至于推销员是否能说服成功，只不过是时间长短的问题了。

善于观察与利用对方的微妙心理，是帮助自己提出意见并说服别人的要素。一般来说，被说服者之所以感到忧虑，主要是怕"同意"之后，会发生意想不到的后果；如果你能洞悉他们的心理症结，并加以防备，他们还有不答应的理由吗？至于令对方感到不安或忧虑的一些问题，要事先想好解决之道以及说明的方法，一旦对方提出问题，可以马上说明。如果你的准备不够充分，讲话模棱两可，反而会令人感到不安。所以，你应事先预想一个可能引起对方考虑的问题。此外，还应准备充分的资料，给客户提供方便，以方便客户决策。

3. 让对方充分了解说服的内容

有时，虽然有可行的计划，但在向对方说明时，对方无法完全了解其内容，他可能马上加以否定。另外还有一种情形是，对方不知我们说什么，却已先采取拒绝的态度，摆出一副不会被说服的模样；或者根本不听我们说什么。如果遇到以上几种情形，一定要耐心地一项项按顺序加以说明。让对方了解我们的真心实意，这是说服这些人先要解决的问题。

深入了解对方才能找到说服的突破口

"知己知彼，百战不殆"，我们要说服别人，就要先了解别人，只有了解了别人才能对症下药，找准说服对方的突破口。

说服他人是生活中常见的一种现象，需要说服的对象有很多，他可能是你的父母、你的上司、你的顾客、你的朋友、你应聘的主考官等。由于每个人经历不一，性格不一，学识不一，专业不一，与之相对应的心态、兴趣、处世、为人，当然也不一样。因此，要想在最快的时间内寻找到说服别人的最佳突破点，可以从深入了解对方找到说服别人的突破口开始。

1. 了解对方的性格

不同性格的人，接受他人意见的方式和敏感程度是不一样的。有性格急躁的人，还有性格稳重的人；有自负又胸无点墨的人，也有具备真才实学又很谦逊的人。了解了对方的性格，就可以按照他的性格特征，有针对性地进行说服。

2. 了解对方的长处

一个人的长处就是他最熟悉、最了解、最易理解的领域。如有人对部队生活比较熟悉，有人对农村生活比较熟悉，有人擅长文艺，有人擅长体育，有人擅长交际，有人擅长计算等。

在说服人的时候，要从对方的长处入手，这样做有三个好处：第一，能和他谈到一起去；第二，在他所擅长的领域里，谈论起来他容易理解，因此容易说服他；第三，能将他的长处作为说服他的一个有利条件，如一个伶牙俐齿、善于交际的人，在分配他做推销工作时可以说："你在这方面比别人具有难得的才能，这是发挥你潜在能力的一个最好机会。"这样谈既有理有据，又能表现领导者对他的信任，还能引起他对新工作的兴趣。

3. 了解对方的兴趣

有人喜欢绘画，有人喜欢音乐，有人喜欢读书，还有人喜欢下棋、养鸟、集邮、书法、写作等，人人都喜欢从事和谈论其最感兴趣的事物。从这里入手，打开他的"话匣子"，再对他进行说服，便较容易达到说服的目的。

4. 了解对方的想法

一个人坚持一种想法，绝不是偶然的，他必定有自己的理由，而且他讲的道理一般都符合他的利益。尽管有时这也许不是他想要坚持的，只是不愿承认，难于启齿罢了。如果说服者能真正了解他的"苦衷"，就能有针对性地加以解决。

5. 了解对方的情绪

一般来说，影响对方情绪的因素有以下三方面：一是谈话前对方因其他事所造成的心绪仍在起作用；二是谈话当时对方的注意力还未集中起来；三是对说服者的看法和态度。因此，说服者在开始说服之前，要设法了解他当时的思想动态和情绪，这对说服的成败，是一个至关重要的环节。

凡此种种，我们都要悉心研究，才能够有针对性地采取有效的说服方式。另外，了解对方是有许多学问的。许多人不能说服别人，就是因为他不仔细研究对方，不研究该用怎样的表达方式就急忙下结论，还以为"一眼看穿了别人"。这样反而达不到想要的效果。

多摆事实，以理服人

当一种观念进入心底很长时间时，话语的确难以改变它。此时，可用事实这种最有力的武器来说服它。

改变一个人对一件事的偏见，就要找到与他观念相悖的事实，自然而然地引进这个事实，并在时机成熟时阐述它，发挥它，使之真正成为你的有力论据。让事实说话，让说话的声音更有力。

由于数字更加具体，所以借由数字产生的事实更容易让人信服。因此，在必要时，我们要设法为枯燥的数字注入生命，这即是说，要让数字所代表的事实，能成为一般人生活经验中的一部分。只有这样，人们对数字才感到亲切，也才能产生兴趣。举例来说，下面的第一种数字陈述方式若能改为第二种陈述方式，则其影响力将显著加大。

A："假如各位接纳我的提议，则公司每个月至少能节省 67453750 元的开支。"

B："假如各位接纳我的提议，则公司每个月至少能节省 67453750 元的开支。从另一个角度来说，倘若这项节省下来的开支，能以加薪的方式平均分配给公司的每一位成员，则每人每月的工资将增加 3500 元。"

日本语言学大师宇川先生说过："语言抽象程度的高低并不重要，关键在于能否化抽象为具体。如果介绍美国的烹调技术，最好将美国的饮食习惯、食物保存法及一般的家庭主妇烹调用具都详细介绍到，因为方法是抽象的，而烹调用具和实际操作是具体的。"和数字一样，具体的事物和比喻才有说服力。因此，当你要说服一个非专业人士时，记得要用具体的比喻和数字，才会有好的效果。让事实和数据为你说话，你的说服筹码分量会更充足。为了更好地说服别人，我们不妨把一些抽象的事实想办法用事实说出来，只有这样，我们的说服才会更加清晰明了，才能更容易赢得别人的信服。

先声夺人，可为说服对方赢得主动权

先声夺人的说服技巧是指说话时为了赢得整个局面的主动权，可以用先声夺人的策略，给对方造成一种声势，让整个局面向着有利于自己的方面发展。

先声夺人说服技巧可灵活应用，有时，放在说话开头，能达到一语定乾坤的效果；有时，放在打破僵局上，能起到峰回路转、柳暗花明的作用。

在西方某国有一家制造电灯泡的公司，由于该公司处于初创阶段，新产品销路不畅，价格也不理想。他们的董事长到各地去做旅行推销，希望各地的代理商能积极配合，使他们生产的电灯泡能够打入各级市场。

董事长召集了各个代理商，向他们介绍这项新产品，并进行买卖谈判。在谈判中，董事长对参加谈判的各代理商说："经过多年来的苦心研究和创造，本公司终于完成了这项对人类有巨大贡献的产品。虽然它还称不上是第一流的产品，只能说是第二流的，但是，我仍然要拜托各位，以第一流产品的价格购买本公司第二流的产品。"

听了董事长这番先声夺人的话，在场的人都不禁哗然："董事长该没有说错吧？谁愿意以购买一流产品的价格来买二流的产品呢？既然你本人都已经承认它是二流的产品了，那当然应该以二流产品的价格来交易才对啊！"大家都以怀疑和莫名其妙的眼光看着董事长。

"各位，我知道你们一定会觉得很奇怪，不过，我仍然要再三拜托各位！"董事长对大家说。"那么，请你把理由说出来听一听吧！"各个代理商都想知道这个谜底。

"大家都知道，目前制造灯泡的企业中可以称得上第一流的企业只有一家。该企业垄断了整个市场，即使他们任意抬高价格，大家也仍然要去购买，是不是？如果有同样优良的产品，但价格便宜一些的话，对大家不是一种福音吗？"

经过董事长这么一说，大家似乎明白了一点儿。然后，董事长接着说：

"就拿拳击赛来说吧，不可否认，拳王阿里的实力谁也不能忽视。但是，如果没有人和他对抗的话，拳击赛就没有办法举办了。因此，必须要有个实力相当、身手不凡的对手来和阿里打擂台，这样的拳击才精彩，不是吗？

现在，灯泡制造业中就好比只有阿里一个人，因此你们对灯泡业是不会发生任何特别兴趣的，但也赚不了多少钱。如果这个时候能出现一位对手的话，就有了互相竞争的机会。换句话说，把优良的新产品以低廉的价格提供给各位，大家一定能得到更多的利润！"

"董事长，你说得不错，可是，目前并没有另一位阿里呀！"

董事长认为摊牌的时机已经到了，他接着说："我想，另一位阿里就由我来充当好了。为什么目前本公司只能制造二流的灯泡呢？这是因为本公司资金不足，所以，无法在技术上有所突破。如果各位肯帮忙，以一流产品的价格来购买本公司二流的产品，这样我就可以筹集到一笔资金用于技术更新改造，相信不久的将来，本公司一定可以制造出优良的产品来。

"这样一来，灯泡制造业等于出现了两个阿里，在彼此的大力竞争之下，毫无疑问，品质必然会提高，价格也会降低。到了那个时候，我一定会好好地谢谢各位。此刻，我只希望你们能够帮助我扮演'阿里的对手'这一角色。但愿你们能不断地支持、帮助本公司渡过难关。因此，我恳求各位以一流产品的价格购买本公司的二流产品！"

话音刚落，一阵热烈的掌声掩盖了嘈杂声。董事长这种先声夺人的说话方式产生了极大的回应，收到很好的说服效果，代理商纷纷表示："我们很了解你目前的处境，所以，希望你能赶快成为'另一个阿里'，因为以一流产品的价格购买二流的产品，这种心情是不会太好的。"

"谢谢！谢谢！我真是太感动了！各位的好意我永远都不会忘记的，总有一天我会好好地报答各位……"就这样，谈判在愉快而感人的气氛中达成协议。

按照常理，一流的价格应该用于购买一流的产品，怎能使谈判者以一流产品的价格去购买二流的产品呢？可是，董事长一开始就先声夺人，奠定谈判基础，然后有条不紊地加以论述，最后把自己的想法变成了现实，代理商们也愉快地接受了他的建议。

可见，先声夺人可以为说服对方赢得主动权。

层层剥笋，向对方把道理说明说透

人的思想是复杂的。对某一事物不理解，想不通，往往不能一点即通，而需像剥笋一样，把握脉络，层层递进，穷追不舍，把理说透。

1921 年，哈默听说苏联实行新经济政策，鼓励吸收外资，就打算去那儿做买卖。他想，那儿最迫切的是消灭饥荒，得到粮食。当时美国粮食正值大丰收，1 美元可买到 35.24 升大米，农民宁肯把粮食烧掉，也不愿以这样的价格送往市场出售。苏联有的是美国需要的毛皮、白金、绿宝石，如果双方交换，岂不是很好吗？哈默到达莫斯科的第二天早晨，列宁和他做了亲切的交谈。粮食问题谈完以后，列宁希望哈默在苏联投资，经营企业。哈默听了，默默不语。因为西方对苏联实行新经济政策抱有很深的偏见，搞了许多怀有恶意的宣传，使许多人把苏维埃的政策想象成可怕的怪物，将到苏联经商、投资办企业视为"到月球去探险"。俗语说，众口铄金。哈默虽然做了勇敢的"探险"者，同苏联做了一笔粮食交易，但对在苏联投资办企业一事，仍心存疑虑。

明察秋毫的列宁看透了哈默的心事。他讲了实行新经济政策的目的，告诉哈默："新经济政策要求重新挖掘我们的经济潜能。我们希望建立一种给外国人以工商业承租权的制度来加速经济发展。"经过一番交谈，哈默弄清了苏维埃政权的性质和苏联吸引外资办企业的平等互利原则，很想大干一番，但是说着说着，又动摇起来。当列宁听出哈默担心苏联政府机关人员办事拖拉时，立即安慰说："官僚主义，这是我们最大的祸害之一。我打算指定一两个人组成特别委员会，全权处理这一事务，他们会向你提供你所需要的帮助。"

列宁看哈默的眼神里还流露着不放心的意思，就索性把话说得一清二楚："我们明白，我们必须确定一些条件，保证承租人有利可图。商人不都是慈善家，除非觉得可以赚钱，不然不会在苏联投资。"没过多久，哈默就成了第一个在苏联经营租让企业的美国人。

列宁对哈默的一连串的不解、疑虑，像剥笋一样逐个加以分析，斩钉截铁、干脆利落、毫不含糊，把政策交代得明明白白，使得哈默心里的一块石头落了地。这就是"层层剥笋法"的奇效。试想，如果列宁只是简单地向哈默做些保证的允诺，效果肯定不会太好。

借用双关语意说服他人

"双关语"指在一定的语言环境中，利用词的多义和同音的条件，有意使语句具有双重意义，言在此而意在彼的修辞方式。双关可使语言表达得含蓄、幽默，而且能加深语意，给人以深刻印象。

从前，有个媒婆，她凭一张巧嘴不知使多少青年男女结成了良缘。一次，她遇到了难题。一位姑娘缺了一块嘴唇，一直嫁不出去；一个小伙子没有鼻子，娶不上媳妇。他们虽然容貌各有缺陷，找对象时却都要求对方五官端正。但是，这位巧嘴的媒婆还是把他们说合了。

媒婆对小伙子说："这姑娘没有别的毛病，就是嘴不好！"小伙子想，准是心直口快，爱唠叨，于是说："嘴不好不算大毛病，慢慢她会改嘛！"媒婆对姑娘说："小伙子什么都好，就是眼下缺少点儿东西。"姑娘听了以为是结婚礼品准备不全，就说："眼下缺少点儿东西怕啥，我多陪嫁点儿就是了。"媒婆见双方表示同意，于是叫他们把自己的话写下，以免口说无凭。

　　在尊奉父母之命、媒妁之言的社会，他们没有见面就定下了自己的婚姻大事。到了新婚之夜，真相大白了，双方都指责媒婆骗人，媒婆却拿出字据说："我怕你们不满意这事儿，都清清楚楚、明明白白地告诉你们啦。（对小伙子）我不是跟你说了姑娘嘴不好吗？（对姑娘）我不是告诉你小伙子眼下缺点儿东西吗？可是你们都同意了，这不，还立了字据呢！怎么能说是我骗人？"两个人都无话可说了。后来这对青年生活得挺美满。

　　这位媒婆真是有口才，将一对无情却有缘的人牵到了一起。姑娘"嘴不好"，小伙子"眼下缺少点儿东西"，是利用多义构成双关：按小伙子的理解，姑娘"嘴不好"准是心直口快，爱唠叨，然而，还可表示"兔唇"；按姑娘的理解，小伙子"眼下缺少点儿东西"，是结婚礼品准备不全，"眼下"的引申义是目前，指说话这个时候，媒婆却用的是它的字面意思，是真的"眼睛下面"。由于两位青年根据自己憧憬的形象，做了理想的理解，因而产生了这样的效果。

引导对方不得不说"是"

让对方多说"是"的好处就是使对方在不知不觉中一步步靠近你的想法，这时候你便牵住了他的思路，对方于是不得不就范。

日本有个聪明绝顶的小和尚，他的名字可谓家喻户晓：一休。有一次，大将军足利义满把自己最喜爱的一个龙目茶碗暂时寄放在安国寺，没想到被一休不小心打碎了。就在这时，足利义满派人来取龙目茶碗。

大家顿时大惊失色，不知所措，茶碗已经被一休打碎，拿什么去还呢？

一休道："不必担心，我去见大将军，让我来应付他吧！"

一休对将军说："有生命的东西到最后一定会死，对不对？"

足利义满回答："是。"

一休又说道："世界上一切有形的东西，最后都会破碎消失，是不是？"

足利义满回答："是。"

一休接着说："这种破碎消失，谁也无法阻止是不是？"

足利义满还是回答："是。"

一休和尚听了足利义满的回答，露出一副很无辜的神情接着说："将军大人，您最心爱的龙目茶碗破碎了，我们无法阻止，请您原谅。"足利义满已经连着回答了几个"是"，所以他也知道此事不宜再严加追究了，一休和尚和外鉴法师便这样安然地渡过了这一难关。

　　在说服中，可以，在对方没有准备的情况下，引导其说"是"。让对方多说"是"的好处就是使对方在不知不觉中一步步靠近你的思想，这时候你便牵住了他的思路，对方于是不得不就范。

　　促使对方说"是"的方法很多，最简单的方法就是以双方都同意的事开始谈话，这样就可以让对方多说"是"，少说或不说"不"。

　　一个人的思维是有惯性的，当你朝某一个方向思考问题时，你就会倾向于一直考虑下去。这就是为什么有些人一旦沉醉于某些消极的想法之后，就一直难以自拔的道理。在人际交往中，我们应懂得并善于运用这一原理。与人讨论某一问题时，不要一开始就将双方的分歧亮出来，而应先讨论一些你们具有共识的东西，让对方不断说"是"，渐渐地，你开始提出你们存在的分歧，这时对方也会习惯性地说"是"，一旦他发现之后，可能已经晚了，只好继续说"是"。

　　很多人先在内心制造出否定的情况，却又要求对方说"好"、表现出肯定的态度，这样做是不可能让对方点头的。假如你要使对方说"好"，最好的方法是制造出他可以说"好"的气氛，然后慢慢引导他，让他相信你的话，这样他就会像是被催眠般地说出"好"。

　　换句话说，你不要制造出让他可以表示否定态度的机会，一定要创造出他会说"好"的肯定气氛。

以情动人，说话要有说服力

人类是有血有肉的动物，每个人都会被真情所打动。在说服他人时，以情动人，说话才会更具说服力。

郭沫若先生在游览普陀山时捡到一本笔记本，扉页上写着一副对联："年年失望年年望，处处难寻处处寻，"横批："春在哪里。"再翻一页，竟是一首绝命诗，后来，郭沫若找到了这副对联的作者——一位神色黯然的姑娘，原来她考大学连续3年名落孙山，生活上又遭受挫折，感到悲观失望，准备"魂归普陀"。郭沫若先是称赞对联有文采，接着问："我替你改一改，你看如何？"然后深情地吟道："年年失望年年望，事事难成事事成，横批是'春在心中'。"听了郭老所改的对联，姑娘体会到长辈的关怀，向他倾吐了心中的郁闷。郭沫若邀她同游普陀，边走边热情地与她交谈。当姑娘知道面前这位循循善诱的长者就是郭沫若时，感到万分惊喜，吟诗谢恩师指点迷津，重新鼓起了生活的勇气。

这个故事教给我们一个说服人的好方法，那就是以情动人。这位女孩之所以绝望，就是感到天地之间没有真情，只有冷酷。因此，她觉得人世没有什么可留恋的，于是萌生了轻生的念头。可是，当她从郭沫若那里感受到了人间的温暖时，她对未来的生活又充满了信心。由此可见，"动之以情"的说服力。

战国时期，秦国攻赵，赵国向齐国求援。齐国要求赵国送太后的小儿子长安君到齐国做人质，否则将不会发兵救赵。可是赵太后深爱自己的儿子，执意不肯。满朝文武极力劝谏，却一点儿也没有用。最后，赵太后宣布："谁要是再来劝我，我就把唾沫吐到他的脸上。"

后来左师官触龙希望觐见太后，太后知道他也是来规劝的，于是就怒气冲冲地等着他来。触龙小跑着来到宫中，向太后谢罪道："我的脚有毛病，不能快步走，因而好久没有来看太后，心里十分惦念，所以今天特来拜见您。"太后道："我现在也得靠车子才能行动。"触龙又询问了赵太后饮食、饭量等其他一些情况，这个时候太后的怒气才有所缓和。

之后，触龙又向赵太后请求能允许他的小儿子在王宫卫队里当一名侍卫。赵太后满口答应。"他今年多大了？"赵太后问道。"今年15岁了，尽管他现在年纪还小，我却希望在我没死之前把他托付给您，为他安排好立身之处。"赵太后问道："男人也疼爱他的小儿子吗？"触龙答道："比起女人来，有过之而无不及。"

太后笑着说道："女人格外疼爱小儿子。"触龙说："我私下认为您对您的女儿燕后的爱怜超过了长安君。"太后说："您说错了，我对燕后的爱远远赶不上对长安君啊！"触龙说："父母疼爱自己的孩子，就必须为他考虑长远的利益。"接着，触龙又举例说当年燕后远嫁，赵太后与她依依惜别，难舍难分。但每次祭祖的时候却祷告让燕后留在燕国，不要回来，以便使其子女世世代代为燕王。

触龙接着说道："这大概就叫作：近一点儿呢，祸患就会落到自己身上；远一点儿呢，灾祸就会累及子孙。难道是这些人君之子一定都不好吗？但他们地位尊贵，却无功于国；俸禄优厚，却毫无功绩，而他们又持有许多珍宝异物，这就难免危险了。现在您使长安君地位尊贵，把肥沃的土地封给他，赐给他很多宝物，可是不趁着现在使他有功于国，有朝一日您不在了，长安君在赵国凭什么立身呢？我觉得您为长安君考虑得太短浅了，所以我认为您对他的爱不及对燕后啊！"至此，赵太后完全接受了触龙的劝说，说道："好吧，就按照你的意思把他派到那里吧。"于是，为长安君准备了上百辆车子，到齐国去做人质。齐国也随即发兵救赵，从而退了秦国的大军。

在封建时期，臣下进言谏说，稍有不慎就会招致祸殃。而触龙却能以巧妙的方式达到进谏的目的，确实令人称道。

触龙很理解太后的心情，他也深入地分析了当时的情形。所以，他努力营造出一种和谐的谈话气氛。刚见太后时，"太后盛气而揖之"，如果触龙此时开口便谈让长安君做人质的事，很可能落入太后唾其脸面的尴尬境地。因为人生气时，是最不理智的，不但难听取他人的意见，而且很有可能把对方当作发泄的对象。老到、精明的触龙避而不谈长安君之事，而是先用"缓冲法"，从请安和询问太后饮食入手，讲述自己如何调养弱体、增进饮食的经验。这就使太后产生错觉，以为触龙是来探望、安慰她的，从而使太后由"盛气而揖之"到"色稍解"，既而"笑曰"，和谐的谈话氛围形成了，触龙谏说的第一道障碍被巧妙地克服了，陈述自己意见的条件也就成熟了。接着触龙不失时机地用"引诱法"，以父母疼爱儿女的人之常情为契机，先从自己爱怜少子，想为他谋差事为话题，然后渐渐地引入太后爱女儿胜过儿子，当太后告诉触龙自己更爱儿子时，触龙便用具体事实说明太后更爱自己的女儿，懂得为女儿的将来着想，可对儿子就不是如此。经过一番陈述比较，太后明白了触龙的良苦用心，也接受了他的游说。就这样，太后答应将儿子送往齐国当人质。赵国很快就得救了，这不能不说是触龙的功劳。

由此可见，以情动人，确实是说服人的好方法，运用得好时，可以为自己赢取利益，减少障碍。没有人是完全的冷血无情，没有人是真正的铁石心肠，人都有一种渴望与人亲近的心理，只要你真诚地与他人沟通，定能化解那些不愉快的情绪，与人和睦相处。

让对方变被动接受为主动反思

道理的"理"性愈强，愈要注意让事实讲话、佐证，否则就会因教育对象缺乏感性体验，影响对"理"的理解、消化和吸收。

一家大型电子产品制造公司的副经理凯利·瑞安说：

"让一个人改变他的工作方法或者工作程序的最好方法，是让这个人认为这一切都是他自己想出来的。我让他对这种改变负全部责任，我表彰他的主观能动性和预见性，他也相信那是他第一个想到的。这样对我们双方都有好处，他会感到自己的工作更重要、更安全，而生产效率也得到提高，这是我所期望的。就拿我们的生产监督员为例，上星期五我对他说：'杰克，我认为如果把三号切割机搬到

那边去，然后再加两个电动卷绕站，我们的生产效率还能提高。我想听听你是怎么想的。'

一天后，他来到我的办公室说："凯利，这个周末，我有了一个好主意，如果我们把三号切割机搬到这里，然后再加两个电动卷绕站，我们在组装线上就能少走不少冤枉路，这样我们的生产效率能提高5%到10%。我们不妨试试看。"那正是我想让他发生的变化，这种方法要比告诉一个雇员去做什么好得多。人们都不喜欢让人家告诉他怎样去做。他们喜欢按照自己的方法做事。这种方法非常有效，每次我都如愿以偿。雇员由于提出了新的方法受到嘉奖，这样，我们双方都感到很愉快。

对于这种方法只有一个特殊要求：时间和耐性。要慢慢地去做，切勿急躁。让人花费一定的时间去理解和消化你的思想，让它一点儿一点儿变成他自己的思想。切记你的工作是播种，让他去收割，给他生根发芽的机会。当这样做了以后，你会得到巨大的好处。

口才专家总结了许多让别人主动接受说服的秘诀，有些很值得借鉴：

1. 以事喻理

道理的"理"性愈强，愈要注意让事实讲话，否则就会因教育对象缺乏感性体验，影响对"理"的理解、消化和吸收。用事实充实大道理，还可以避免说大话、空话，把道理讲实。

讲道理应有层次。缺少层次，一下子跨越几个台阶，会让人接受不了。

2. 反诘设问

把大道理分解成若干个问题，用问话提出。这样做的好处：一则引发兴趣，启发大家共同思考；二则用以营造一种和谐的气氛，使人觉得不是在灌输大道理，而是在共同探讨问题。这种方法，变听为想，变被动接受为主动反思，在抛砖引玉、换位思考中，让"系铃"人自己"解铃"。

3. 迂回引导

正面讲不通时，不妨"旁敲侧击"。讲大道理要学会剥茧抽丝，逐步引导，层层深入。有时也可借题发挥，讲出"醉翁之意不在酒"的道理。这样就不会把讲道理变成简单的演绎论证，使对方易于接受。

4. 理在情中

有时对方并非不接受道理本身，而是与讲道理的人合不来。这时讲道理的人要善于联络感情，要反省自己有无令对方反感的地方，及时克服和纠正。尤其当对方抵触情绪较大时，首先要以诚相待，然后在尊重、关心、理解的基础上，再讲道理。

5. 巧用名言

有哲理的格言可以发人深省，给人以启迪。把大道理与名人名言巧妙地结合，可以把大道理讲得耐人寻味，富有吸引力。

6. 谈心渗透

在课堂上或公共场合讲大道理，有些人可能听不进。为避免出现这种现象，就要选择一个恰当的场合，与对方真诚、平等地谈心交流。

7. 点到为止

有些人生怕人家听不懂，翻来覆去地讲同一个道理，结果适得其反。讲道理时一定要"点到"，同时又要留给对方充分思考的时间，让对方去领悟、消化。

8. 言行结合

有时对方之所以不服，就在于讲道理的人自己做得不够好。"做"得好才能赢得"讲"的资格。把单纯地讲道理变成行动，才能达到最佳效果。

利用幽默的说服力量

辛辣风趣的幽默话具有很强的说服力。

在阿拉曼战役前夕，丘吉尔召见了他的得力将领蒙哥马利将军。在谈话中，丘吉尔提议他应该研究一下逻辑。但蒙哥马利担心自己会陷入纠缠不清的逻辑命题中，便找了个借口推托。他对丘吉尔说："首相先生，有这样一句谚语：'了解和亲昵会产生轻蔑。'也许我越是研究逻辑，便会越加轻视它。"

丘吉尔取下烟斗说："没有一定程度的了解和亲昵，什么也不会产生出来的。"

丘吉尔非常喜欢幽默。幽默是一种生动的语言表现手法，与幽默的人谈话是一件非常有趣的事，而与人发生争执、各有坚持时，幽默常常可以化解这种尴尬的局面。

1946 年 5 月，远东国际军事法庭审判以东条英机为首的 28 名日本甲级战犯，10 个参与国的法官们曾因排定法庭座次展开一场激烈的争论。中国法官理应排在庭长左边的第二把交椅，可是由于当时中国国力不强，因此被各强权国否定。在这种情况下，唯一出庭的中国法官梅汝璈同列强展开了一场机智的舌战。他首先从正面阐明，应按日本投降时各受降国的签字顺序排列，这是唯一正确的立场。接着他微微一笑说："当然，如果各位不赞成这个办法，我们不妨找个体重计来，然后依体重排座，体重者居中，体重轻者居旁。"各国法官听了全都忍俊不禁。庭长笑着说："你的建议很好，但它只适用于拳击比赛。"梅法官接着回答说："若不以受降国签字次序排座，就依体重排座。这样纵使我被排在末位也心安理得，可以对我的国家有所交代，一旦他们认为我不该坐在角落上，可以另派一名比我胖的人来换呀。"

这回答引得法官们大笑起来。

在举世瞩目的国际法庭上，法官的座位按体重来排定，这岂不是天大的笑话！梅汝璈正是用这样的笑话，嘲讽帝国主义者依恃强权、践踏国际公理的丑恶嘴脸，达到了轻松说服别人、争取自己合法权益的目的。这样做的效果比一本正经地据理力争要好得多。

笑融僵局，
获得好人缘必备的幽默话

第 7 章

多点幽默，让话语变有趣

幽默是运用意味深长的诙谐语言抒发情感、传递信息，以引起听众的快慰和兴趣，从而感化听众、启迪听众的一种艺术手法。如果我们的言语中能多点儿幽默，那么我们所说的话将会更加有趣，会吸引更多的人。

一位著名的作家曾经说过：生活中没有哲学还可以活下去，然而没有幽默的话，恐怕只有愚蠢的人才能生存。幽默是一个人的各种学识、才华、智慧在语言中的集中闪现，是一种"能抓住可笑或诙谐想象的能力"，它是对社会上种种不协调、不合理的荒谬、偏颇、弊端、矛盾实质的揭示和对某些反常规言行的描述。幽默的语言可以使我们内心的紧张和重压释放出来，化作轻松的一笑。在沟通中，幽默的语言如同润滑剂，可有效地降低人与人之间的"摩擦系数"，化解冲突和矛盾，并能使我们从容地摆脱沟通中可能遇到的困境。

有一对夫妇带着一个 6 岁的孩子去租房，他们看中了一处房子，可房东不肯将房子租给他们。原因是她喜欢安静，从不将房子租给有孩子的人。夫妇交涉无果，于是 6 岁的孩子对房东说："您可将房子租给我呀，我没有孩子，只有爸爸妈妈。"房东真的把房子租给了他们。孩子从成人的视角看问题，构成了独特的趣味思维形式，让人享受到一种浑然天成的天真情趣。

由此看来，幽默不是故作天真，而是从多重视角去透视事件或问题，并找出其中富有情趣的一面，对其进行凸显化、集中化的语言处理，从而化紧张、严肃为轻松、谐趣。幽默是人们适应环境的工具，是人类面临困境时减轻精神和心理压力的方法之一。契诃夫说过："不懂得开玩笑的人，是没有希望的人。"可见，生活中每个人都应当学会幽默。多一点儿幽默感，就会少一点儿气急败坏，少一点儿偏执极端。

幽默可以淡化人的消极情绪，消除沮丧与痛苦。具有幽默感的人，其生活充满情趣，许多看来令人痛苦烦恼之事，他们却应付得轻松自如。用幽默来处理烦恼与矛盾，会使人感到和谐愉快，友好幸福。那么，怎样使语言富有幽默感呢？不妨试试以下几种方法：

1. 颠倒成趣

把正常的人物关系，或者动机与效果在一定条件下互换位置。

曾风靡一时的舞蹈家写信向幽默大师萧伯纳求爱，她在信中说："如果我俩结合，生下的孩子，既有我美丽的外表，又有你睿智的头脑，这该多妙呀！"萧伯纳却风趣地回信说："如果孩子的外表像我，头脑却像你，那该有多糟啊！"

2. 移花接木

把在某种场合下十分恰当的情节或语言，移植到另一迥然不同的场合中，达到张冠李戴、"荒唐"可笑的幽默效果。

生物学家格瓦列夫在一次讲课时，一位学生突然学起鸡叫，引起一片哄笑。格瓦列夫却不动声色地看了下自己的挂表说："我这只表误时了，没想到现在已是凌晨。不过，请同学们相信我的话，公鸡报晓是低等动物的一种本能。"

3. 故意"卖关子"

首先故意提出一个容易使人产生误解的结论，然后再做出一个出人意料的分析和解释。

作家柯南·道尔在罗马时，一次乘坐出租车去旅馆，途中两人聊了起来。司机问："你是柯南·道尔先生吗？""你怎么知道我的名字？"柯南·道尔奇怪地问道。"啊，简单得很，你是在罗马车站上车的，你的穿着是英国式的，你的口袋里露出一本侦探小说来。""太了不起了！"柯南·道尔叫起来，他很惊奇在意大利会碰到第二个"福尔摩斯"。他习惯地问一句："你还看到其他什么痕迹没有？""没有，没有别的，除了在你皮箱上我还看到你的名字外。"

可见，司机故意"卖关子"，让柯南·道尔误以为他是第二个

"福尔摩斯"。然后，司机再出乎意料地解释，造成强烈的幽默感。

4. 巧设悬念

当你叙述某件趣事的时候，不要急于显示结果，应当沉住气，给听众营造一种悬念。假如你迫不及待地把结果讲出来，或通过表情动作的变化透露出来，幽默便就会失去效力，只能让人感到扫兴。

美国有个倒卖香烟的商人到法国做生意。一天，他在巴黎的一个集市上大谈抽烟的好处。突然，从听众中走出一位老人，径自走到台前，那位商人吃了一惊。

老人在台上站定后，便大声说道："女士们，先生们，对于抽烟的好处，除了这位先生讲的以外，还有三大好处哩！"美国商人一听这话，连连向老人道谢："谢谢您了，先生，看您相貌不凡，肯定是位学识渊博的老人，请你把抽烟的三大好处当众讲讲吧！"老人微微一笑，说道："第一，狗害怕抽烟的人，一见就逃。"台下听众一片轰动，商人不由得心里暗暗高兴。"第二，小偷不敢偷抽烟者的东西。"台下听众连连称奇，商人更加高兴。"第三，抽烟的人永不老。"台下听众惊诧不已，商人更加喜不自禁，听众中要求解释的声音一浪高过一浪。老人把手一摆，说道："请安静，我给大家解释！"商人格外振奋，催促老人快说："老先生，请您快讲！""第一，抽烟之人驼背的多，狗一见到他认为是在弯腰拾石头打它，能不害怕吗？"台下听众笑出了声，商人心里一惊。"第二，抽烟的人夜里爱咳嗽，小偷以为他没睡着，所以不敢去偷。"台下听众一阵大笑，商人大汗直冒。"第三，抽烟人短命，所以没有机会衰老。"台下听众哄堂大笑。此时，大家发现商人不知什么时候溜走了。

这则幽默一波三折，层层推进，老人在把听众的胃口吊得足够"高"时，才不慌不忙地把真实意思表达出来。这就是巧设悬念的魅力。

在与别人交往时难免会发生一些不必要的摩擦。如果此时从容地开个玩笑，紧张的气氛就能得以缓解，而且对方还会被你的魅力所吸引，被你的宽广胸怀所感动，最后真正乐意地接受你。幽默是一种智慧的表现，它必须建立在拥有丰富知识的基础上。一个人只有具备审时度势的能力、广博的知识，才能做到谈吐幽默，妙言成趣。因此，要培养幽默感必须不断充实自我，不断从浩如烟海的书籍中汲取幽默的智慧。

善用调侃，让自己获得好人缘

拥有好人缘，未必要比他人多付出多少艰辛，未必要给他人多少好处。好人缘是在日常生活中通过各种方式不断沉淀和积累而来的，适当的调侃是让自己获得好人缘的有效手段之一。

幽默是人的天性，没有人不向往愉悦的生活。当遇到不如意时，会调侃的人更懂得如何调剂。当受到不公平待遇时，他们即使心情郁闷到极点，也会通过独有的幽默和调侃的语言给人传递出快乐的信息。这样的人乐天且幽默，对生活充满激情，浑身上下洋溢着一种能使人愉悦的气场。

在机关单位上班的老陈人缘极好，单位中无论是领导还是同事，只要提到老陈，没有人说他的不好。老陈是个大胖子，行动不便，可是他从未因为胖而自卑。一次，办公室的同事们趁午休的空当闲聊，说到了"胖"这个话题。性格开朗的老陈对同事们说："你们信不信，其实我是个极具亲和力的男人。当在公交车上让座时，我完全能够让两位老人或三位身材苗条的女士坐下。"老陈的一席话博得在座的同事哈哈大笑，这种轻松愉快的自我调侃表现出他非凡的亲和力。老陈的谈吐给同事们带来了轻松感，使交谈的氛围更加和谐融洽。

其实，适当的调侃不但能在日常社交中起着催化剂的作用，让你获得好人缘，还能帮你获得意想不到的收获呢！

紫欣是个性格挑剔而又感性的女孩，大学毕业后交往过几个男朋友，结果都无疾而终，这令家人和朋友都很不理解。在众人的期盼之下，紫欣终于宣布了自己即将结婚的消息！

结婚那天，紫欣的好多亲友都来了，看着她幸福的样子，好朋友们禁不住问她："你丈夫到底有什么好，能让你义无反顾地选择了他？"因为朋友们都知道，紫欣的丈夫并不是众多追求者中的佼佼者，他既不是最帅的，也不是最有能力的，而紫欣却毅然地接受了他的求婚。紫欣嫣然一笑，说道："其实没有什么特别的，只是和他在一起我觉得很快乐，无论遇到什么情况，他都能用他那恰到好处的幽默来逗我笑！"。原来如此，新郎以幽默的调侃赢得美人的芳心，"侃"到爱人，"侃"出好姻缘。

调侃可以为我们带来正面效应，但我们不要就此认为只要是调侃都会收到理想的效果。适当的调侃的确可以为平淡的生活带来一份美意，一丝涟漪，让生活变得不无聊。但是，调侃千万不能过度，肆无忌惮的调侃会让人觉得自己是在被人开涮，会让人产生误会，更别说获得对方的好感和认可了。所以，要掌握好调侃的度。调侃要分时间、场合，最重要的是要注意被调侃的对象，说话要分轻重，这样才能避免过度调侃而引发的不快。

将幽默融入意见中去

想要向别人表达不满或者其他意见却又不想直接说时，我们可以将幽默融入意见中，这样既不伤人，又能达到预期的目的。

工作和生活中经常会出现有一些让人不能认同的做法，如果理直气壮地说出自己的想法，甚至略带指责的语气，那么对方不仅无法心悦诚服地接受你的意见，还会认为你非常自大。此时不妨换个方式提意见，将幽默融入你的意见之中。双方相互一笑，事情也就过去了。

杨小姐是一家餐厅的服务员，时常遭遇客人的刁难。一天，餐厅来了一位喜欢挑剔的女士，点了一份煎鸡蛋，正好是杨小姐接待的。女士对杨小姐说："我要的煎鸡蛋和别人的不一样，蛋白要全熟，但是蛋黄要生的。放少许盐，放少许胡椒粉。最重要的是，鸡蛋一定要是乡下散养的柴母鸡刚刚下的新鲜鸡蛋！"

杨小姐听过她的诸多要求后，十分为难，但是她没有用不满的语气提出意见，而是出乎意料地说："您提出的这些要求我都记下了，但是对于您所要求的那只下蛋的母鸡我还要确认一下，它的名字叫小美，您看合适吗？"

故事中，杨小姐没有直接表达她对这位挑剔女士所提的苛刻要求的不满，而是顺着对方的思路，提出了一个更不符合逻辑的问题来提醒对方：她的要求实在是过分，根本无法满足。杨小姐所说出的任何一个字都没有伤及对方，这样不但提出了意见，而且也维护了那位女顾客的自尊。试想，在这种情况下，那位挑剔的女士还会因为对母鸡的名字的不满而继续挑剔吗？

婉言曲说成幽默

有些事直接发表自己的见解不太合适，容易让人误解或不愉快，婉言曲说是很好的方法，而且这种婉言曲说不同于修辞格里的委婉修辞方法，它是形成幽默的一种语言艺术。

王麻子是个极爱占小便宜的人，常常在别人家白吃白喝，吃完了上顿等下顿，住了两天住三天。一次，他在一朋友家里吃了3天后，问主人道："今天弄什么好吃的呀？"

主人想了想，说："今天我们弄麻雀肉吃吧！"

"哪来那么多麻雀肉呢？"

主人说："先撒些稻谷在晒场上，趁麻雀来吃时，就用牛拉上石磨一碾，不就得了吗？"

这个爱占便宜的人连连摇手说："这个办法不行，这样还不等石磨过来，麻雀早就飞跑了。"主人一语双关地说："麻雀是占惯了便宜的，只要有了好吃的，怎么碾（撵）也碾（撵）不走。"

现在我们谈论的"婉言曲说"的幽默法，可以说是"婉曲"的变格，它是说话人故意把所要表达的本意绕个圈子曲折地说出来，利用婉言来获得幽默效果的方法。

克诺先生来到一个陌生的城市，走进一家小旅馆，他想在那儿过夜。"一个单间带供应早餐要多少钱？"他问旅馆老板。"不同房间有不同的价格，二楼房间15马克一天，三楼房间12马克一天，四楼10马克，五楼只要7马克。"克诺先生考虑了几分钟，然后提起箱子就走。"您觉得价格太高了吗？"老板问。"不，"克诺回答，"是您的房子还不够高。"

一般说来，幽默应避免敌意和冲突，否则，幽默就会被减弱或者消亡。从这个意义上讲，婉言曲说最适合构成幽默。

一个法国出版商想得到著名作家的赞扬，借以抬高自己的身价。他想，要得到一个大人物的好感，必须先赞扬赞扬他。这天，他去拜访一位知名作家。他看到作家的书桌上正摊着一篇评论巴尔扎克小说的文章，便说："啊，先生，您又在评论巴尔扎克了。的确，多少年来，真正懂得巴尔扎克作品的人太少了，算来算去，也只有两个。"作家一听就明白了出版商的意图，便让他继续说下去。"这两个人，其中一个是您了。可是还有一个呢？您说，他应当是谁？"作家说："那当然是巴尔扎克自己了。"出版商顿时像泄了气的气球，悻悻地走了。

出版商想求得知名作家的赞扬，故意登门拜访。作家呢，不好直接拒绝，就来了个婉言曲说。出版商把世间懂巴尔扎克作品的人确定为两个，一个，他自然要送给作家了；另一个，他是给自己预备的。但自己说出来，那太没涵养，况且自己认可的东西并不一定能得到作家的赞同，还是启发作家说出来吧。由此，出版商一直沿着自己的设计和思路，准备着一种情感——他期待着作家的赞扬，让作家指出他是懂巴尔扎克作品的人。

作家并不回绝对方的话，因为那太扫人兴了。但是他有意漠视对方的"话外音"，一句答话，让对方的期待栽了个大跟头，作家回答的是，另一个懂巴尔扎克的人是巴尔扎克自己。于是对方没戏唱了，只好散场。

凡有大成就者，向来都是舌吐方圆的专家，他们不仅仅专长于自己的一份事业，而且在待人接物上有着独到的迂回之术，他们能够在让人发笑的过程中不知不觉加入自己的观点。

著名的法国钢琴家乌尔蒙，年轻时有一天，他弹奏拉威尔的名曲《悼念公主的孔雀舞曲》，节奏太慢，正在听他弹奏的拉威尔忍不住地对他说："孩子，你要注意，死的是公主，而不是孔雀。"

在这里，拉威尔将公主与孔雀这两种原来互不相干的事物，出人意料地联系起来，使人们产生惊奇，并在笑声中意会到拉威尔话语的真正含意。

拉威尔对乌尔蒙的演奏"节奏太慢"这一缺点，并不是采取直接批评的方式，而是采用婉转的暗示："死的是公主，而不是孔雀。"这样，使演奏者首先得回味一下，拉威尔的话到底是什么意思？弄清楚了，便意识到自己演奏作品时的失误。应该加快速度，快到什么程度呢？拉威尔的话给了提示，是孔雀舞曲。乌尔蒙的脑海中定会浮现出美丽的孔雀翩翩起舞的英姿。拉威尔的旁敲侧击，使乌尔蒙明白了自己的毛病所在。

一群人围在伦敦白厅前，中间躺着一个小男孩，蜷缩在地，痛苦地呻吟着。原来他吞了一枚10英镑的硬币到肚里。围观的人眼看孩子痛得不行了，都急得不知如何处置。这时，从人群中走出一位先生，他走到小孩身边，抓住小孩的腿，把他倒提起来，猛力地摇晃了几下，忽然听到"呼"的一声，那枚硬币从小孩子的嘴里喷了出来。围观的人舒了一口气。

一位旁观者问那位先生："你是医生吗？"

"不！"那人回答，"我在税务局工作，叫花子见到我都逃。"

此幽默出神入化，把税务局抠钱的本领夸张得无以复加。

幽默是一种高超的语言艺术，这种艺术是在婉言曲说中产生的。说话直接的人不可能创造出幽默来。按部就班，一是一，二是二，实说实，虚说虚，没有任何的发挥就不可能碰撞出幽默的火花。

拿自己开玩笑

犯了错误或者身陷尴尬境地时，不妨自我嘲笑一下，你的失误将随着笑声消减，而你也在他人的心中留下了豁达可爱的形象。

如果你有风趣的思想，能轻松地面对自己，便会发现你可以原原本本地接受自己的身高、体重或其他身体特征；你也会发现幽默能帮你以新的眼光去看你对经济的忧虑。也许你无法得到真诚的爱，但是你能使你的人际关系充满温暖和谐——与人分享欢乐，甚至和仅仅有一面之缘的人也会有很好的关系。

自嘲是自己对自己幽默，是消除自己在沟通中胆怯的良方。

自嘲是运用戏谑的语言，向别人暴露自身的缺点、缺陷与不幸，说得俗一些，就是把脸上的灰指给对方看。

自嘲同样是这个道理，有着独到的表达功能以及实用价值。

苏格拉底的妻子是位有名的泼妇，一次苏格拉底正同朋友们谈话时，他的妻子突然冲进书房大骂苏格拉底，并随手将脸盆中的水浇在苏格拉底身上，把他全身都弄湿了。正当大家感到尴尬万分之际，苏格拉底笑了笑说："我就知道，打雷之后，必有大雨下来。"

正如人们喜欢谈论一些关于别人的笑话一样，在适当的时候，也要拿自己开开玩笑，要善于自嘲。

美国著名的律师乔特是最善于讲关于自己笑话的人。有一次，哥伦比亚大学的校长蒲特勒在请他做演讲时，曾极力称赞他，说他是"我们的第一国民"。

这实在是一个卖弄自己的绝好机会。他可以自傲地站起来，一副得意扬扬的神气，仿佛是要对听众说："你们看，'第一国民'要对你们演讲了。"

但是聪明的乔特并没有如此。他似乎对这种称赞充耳不闻，却转而调侃自己的"无知"。这种自嘲很快博得了听众的好感。

他说："你们的校长刚才偶然说了一个词，我有点儿听不太懂。他说什么'第一国民'，我想他一定是指莎士比亚戏剧里的什么国民。我想，你们的校长一定是个莎士比亚专家，研究莎士比亚很有心得，当时他一定是想到莎士比亚了。诸位都知道，在莎氏的许多戏剧中，'国民'不过是舞台的装饰品，如第一国民、第二国民、第三国民等。每个国民都很少说话，就是说那一点点话，也说得不太好。他们彼此都差不多，就是把各个国民的号数彼此调换，别人也根本看不出有什么分别的。"

这实在是一种非常聪明的方法，它使自己与听众居于同等的地位，拉近了自己与听众的距离。他不想停留在蒲特勒所抬举的那种高高在上的地位上。如果他换一种说法，用庄重一点儿的言辞，比如，"你们校长称我为'第一国民'，他的意思不过是说我是舞台上的一个无用的装饰品而已。"虽然表达的意思是一样的，但是绝对不能把那种礼节性的赞词变为一种轻松的笑话，也绝对不会取得那样的效果。

无论是在一帮很好的朋友中，还是在一大群听众中，能够想出一些关于自己的笑话，能够适当地自嘲，是赢得别人尊敬与理解的重要方法，远远要比开别人玩笑重要得多。拿自己开开玩笑，可以使我们对世事抱有一种健全的态度，因为如果我们能与别人平等地相待，就可以为自己赢得不少的朋友。相反，如果我们为显示自己是怎样的聪明，而拿别人开玩笑，以牺牲别人来抬高自己，那我们一生一世也难以交到一个朋友，更不用说距离成功有多遥远了。

成功的人士从不试图掩饰自己的弱点，相反，有时他们会拿自己的弱点开开玩笑。而现实生活中，我们却经常可以遇到一些专喜欢遮掩自己弱点的人，他们也许身体有些缺陷，也许所受教育太少，也许举止粗鲁，他们总要想出方法来掩饰，不让别人知道。但这样做以后，他们却于无形中放弃了诚恳的态度，毫无疑问，与之交往的朋友会对他们形成一种不诚恳的印象，使人们不敢再与他交往。

世界上最不幸的就是那些既缺乏机智又不诚恳的人。很多人常常自以为很幽默，经常喜欢拿别人开玩笑，处处表现出小聪明，结果弄得与他交往的人不敢再信任他，以前的朋友也会敬而远之，纷纷躲避。

适当地拿自己开开玩笑吧，这不仅是一种机智，更是驱散忧虑、走向成功的法宝。

用幽默巧解纠纷

幽默而风趣的语言能使当事人体会到说话之人的温和及善意，拉近人与人之间的距离，进而化解纠纷。

人与人之间发生争吵在所难免，一旦有了纷争，即使认为自己在理，也应避免过分地数落、指责别人。这时，最好的方式是用调侃、幽默的语言，轻松浇灭对方的怒气，化解纠纷。

妻子虚荣心很重，当夫妻商量出席友人的婚礼时，她缠着丈夫要买一种昂贵的花帽。此时家里正闹经济危机，丈夫自然不答应花这笔钱。争吵中妻子赌气地说："你看人家小金的爱人多大方，早就给自己的夫人买了这种花帽，哪像你，小气鬼！"

丈夫不愿争论，只是故意夸张地说："可是，她有你这样漂亮吗？我敢说，她要是也有你这么美，根本就不用买帽子装饰了，你说是吗？"妻子一听笑了，一场争吵也随之止息了。

善用幽默而风趣的语言，往往可以化解纠纷。面对剑拔弩张、针锋相对的当事人，自然得体的风趣言语，往往能调节紧张气氛，避免矛盾激化。

一对中年夫妇婚后近十年双方关系一直不错。但最近在社交应酬问题上，两人发生了矛盾，谁也说服不了谁，面临着离婚的危机。在领导和亲朋好友的劝导和说服下，两人终于心平气和地坐下来相互"交心"，但谁也不愿公开认错，最后还是男方终于先开了口，说："我们是在斗争中求团结、求生存、求发展的。今天，能进入这样一个和平民主、共同协商的新阶段，是我们双方努力的结果，是大家积极促成的结果，它实在来之不易啊！"女方就势接过话头说："是啊！正因为它来之不易，所以我们要加倍珍惜今天这个安定团结的大好局面！"夫妻两人就这样在亦庄亦谐、妙趣横生的对话中言归于好了。

采用幽默的方式把话说出来，能够缓和当事人心中的不满和现场剑拔弩张的紧张气氛，使其较容易接受幽默的劝解，大事化小，小事化了，矛盾纠纷便可以迎刃而解了。

巧言妙语能够增添家庭中的乐趣

家是避风的港湾，如果能够用巧言妙语增添家庭中的乐趣，那么你的家庭将更加和谐，你的家庭生活也会更加美好！

家庭琐事繁多，父母、孩子之间的关系处理不好，既影响生活的质量，又影响夫妻间的感情。若要避免这种情形出现，就要在言谈上多下功夫。

1. 注意闲谈的技巧

一家人能够说说笑笑，生活则显得和睦、融洽。这些话看起来是废话，其实，它是一种情感的交流，是家庭生活的点缀。假如一家子冷言冷语，家便是一个"地狱"。

> 母亲："你今天又没回来吃晚饭，是怎么回事？"
>
> 儿子："哦，单位里应酬太多！"
>
> 母亲："你也太忙了，其他人不可以分担一点吗？"
>
> 儿子："你不知道，现在是什么年代了？"
>
> 母亲："还喝点儿鸡汤吗？"
>
> 儿子："不啦！"
>
> 母亲："明天家里有亲戚来，你晚上回来吃饭，行吗？"
>
> 儿子："明天再说吧。"

母亲的一副热心肠却换来儿子的冷言冷语，这只会让做母亲的心寒。其实，儿子可以讲些公司里有趣的事，让母亲乐和乐和，家里才会有生气。

2. 谅解为上

矛盾是不可避免的，所以你要学会谅解，承认矛盾的存在。用亲切温存的话安慰人，使之抛弃烦恼，营造和谐的家庭气氛。

丈夫下班回家满脸怒气，一言不发。妻子安慰道："单位里有什么不如意的事？忘掉它！岂能事事尽如人意，事事称己心！来，卡拉OK一首。"丈夫立时就消了火，拿起话筒唱起了歌。有一回妻子生闷气，怔怔地发呆也不做饭，丈夫说："气大伤身呢，来，我们合唱一曲《黄梅戏》，你唱男声，我唱女声。"妻子开始还不唱，后来看丈夫正儿八经地捏着嗓子唱"树上的鸟儿成双对"时她的气就消了。

谁都有不顺心之时，学会温言软语说服人，就能给家庭和睦创造条件，营建一个幸福的家庭。

出其不意，用幽默制胜

面对别人的指责或挑剔时，出其不意地运用幽默的语言进行反驳，可以扭转不利的局势，化解尴尬的局面。

利用幽默出奇制胜，往往会使你的语言更有说服力，达到奇妙的沟通效果。

德国诗人歌德，有一天在公园里散步。在一条只能通过一个人的小道上，他迎面遇到了一个曾经对他的作品提出过尖锐批评的评论家。这位评论家高声喊道："我从来不给傻子让路！"

"而我则相反！"歌德一边说，一边满面笑容地让路。

歌德运用幽默战术，出其不意地将了对方一军，达到了"反败为胜"的目的。

有一条狗疯狂地向一个农夫扑去，农夫忍无可忍，用粪叉打死了那条狗。于是狗的主人将农夫告到法院，要农夫赔偿损失。法官说："你要是把叉子倒过来，用没有尖刺的那一头，不就没有这事了吗？"农夫回答说："您说得对，法官先生，要是那狗倒着向我扑过来，我会那样做的！"结果农夫被宣判无罪。

农夫在法庭上遇到急迫而又棘手的问题时，他随机应变，以一句幽默的话使自己立于不败之地。

一个顾客在酒店喝酒，他喝完第二杯后，转身问老板："你一星期能卖多少桶啤酒？""35桶。"老板得意扬扬地回答。"那么，"顾客说，"我倒想出一个能使你每星期卖掉70桶啤酒的方法。"老板很惊讶，忙问："什么方法？""这很简单，只要你将每个杯子里的啤酒装满就行了。"

这位顾客的本意是指责老板卖的啤酒只有半杯，但他利用老板"唯利是图"的心理，设下一个"圈套"，让老板不知不觉地钻了进去，巧妙地指责了老板的恶劣行为。

有一位绅士正在餐馆里进餐，忽然发现菜汤里有一只苍蝇。他扬手招来侍者，冷冷地说道："请问，这小东西在我的汤里干什么？"在这种情况下，无论侍者如何解释、道歉，都只能受到尖锐的批评，甚至会引起顾客更大的愤怒。但是，幽默帮了他的忙，把他从困境中解救出来，使气氛得以缓和。侍者弯下腰，仔细看了半天，回答道："先生，它是在仰泳！"餐馆里的顾客被逗得捧腹大笑。

恰当使用幽默不但让人愉快，还能扭转不利的局势，化解尴尬的局面。

让幽默为你的友谊添彩

如果朋友之间能够说说笑笑，用幽默话彼此调侃，友谊自然更富色彩。

家人天天见面，天天交流，而朋友不常见面，不常交流，但若每次交流、每次相见，都相谈甚欢，这样的友谊则能持久。

苏轼和黄庭坚是一对以诗文闻名于世的好朋友。有一次，他们一起讨论书法，苏轼说："您近来的字虽愈来愈劲道，不过有的地方却显得太瘦硬了，几乎像树梢绕蛇啊！"说罢大笑。黄庭坚说："师兄批评一语中的，令人折服。不过，师兄的字……"苏轼忙说："你干嘛吞吞吐吐，怕我受不了吗？"黄庭坚于是大胆说道："师兄的字，铁划银钩，道劲有力，然而，有时写得就像是石头压住的蛤蟆。"语音一落，两人都笑得前仰后合。苏轼和黄庭坚两人在谈笑间互相磨砺，互相促进，增进了友谊。

朋友之间有矛盾是在所难免的，一旦双方产生了小矛盾，开个玩笑，说句逗趣的话，比一本正经说道理更强。

老王和老张是一对好朋友，最近由于误会而产生了隔阂断绝了往来。有一天，老王跑到老张家，进门便说："老张啊，我今天是来唱将相和的。"老张感到很不好意思，忙接过话头说："要唱将相和也该我负荆请罪啊！"两人在笑声中握手言欢。

试想，老王与老张若不用这种说笑式交谈，那么要驱除两人心中的隔阂则不知要费多少口舌，而且效果未必有这么好。

反常规的类比幽默

在类比幽默中，对比双方的差异越明显，对比的时机和媒介选择越恰当，所造成的不协调程度就越强烈，对方对类比双方差异性的领会就越深刻，所造成的幽默意境也就越耐人寻味。

类比幽默法是指把两种或两种以上互不相干甚至是完全相反的、

彼此之间没有历史的或约定俗成的联系的事物放在一起对照比较，显得不伦不类，以揭示其差异之处，即不协调因素。

在类比幽默中，对比双方的差异越明显，对比的时机和媒介选择越恰当，所造成的不协调程度就越强烈，对方对类比双方差异性的领会就越深刻，所造成的幽默意境也就越耐人寻味。

人们的日常生活和科学研究一样，凡分类都是约定俗成，得用同一标准，否则，必然造成概念的混乱，导致思维无法深入进行。人们从小就训练掌握这种最起码的思维技巧。如：马、牛、羊、桃就不能并列在一起，人们会把桃删去，这是科学道理，但并不幽默。

在类比分类时要产生幽默的趣味恰恰要破坏这种科学的逻辑规律，对事物加以不伦不类的并列。

赵阿婆的女儿吵着要买嫁妆，赵阿婆气恼地说："你的婚事也不和我商量，东西我不买！"

母女大吵起来，引得许多邻居来看。

邻居陈伯站出来说："你不能怪她没和你商量啊！"

赵阿婆问："为什么？"

"你当年成亲时不是也没和女儿商量吗？"陈伯反问道。

赵阿婆一时语塞。女儿却高兴起来，陈伯又转身对姑娘说："你妈不给你买是不对，可你妈出嫁时，你给她买了吗？人要彼此一样才好呀！"

母亲成亲和女儿商量与母亲成亲女儿买嫁妆并列一起，都是不可能的事，意思完全相反，差异巨大，但说明了母女二人争吵的理由，是都没有为对方着想，因此，经陈伯如此点化，母女二人不得不心服口服。

类比幽默术是个反常规的"坏孩子"，它是借着一丝灵气，将事物不伦不类地加以归类。因其具有简便的特征，常为人们所使用。

星期六，一位年轻人照例进城卖鸡蛋。他问城里常打交道的中间商："今天鸡蛋你们给多少钱一个？"

中间商简单地回答："两美分。"

"一个才两美分！这价真是太低了！"

"是啊，我们中间商昨天开了个会，决定一个鸡蛋的价格不能高于两美分。"

年轻人艰难地摇摇头，很无奈，但也只好将蛋给卖掉，回去了。

第二个星期六，这个年轻人照例进城了，见的还是上次那个中间商。中间商看了看鸡蛋，说："这个星期你的鸡蛋太小了。"

"是啊，"年轻人说，"我们的母鸡昨天开了一个大会，它们做出决定，因为两美分实在太少，所以不能使劲儿下大蛋了。"

一个是人会，一个是鸡会，并列一比，妙趣横生。

类比幽默的幽默感是"比"出来的，其情趣也是"比"出来的。这样就有利于对方心理接受。我们看下面一例：

有一位中学生，成绩很好，几乎每次考试都是全班前两名。有次考到第五，她妈妈生气地说："去年我为你感到骄傲，这次你怎么了，你曾经是班上考得最好的呀！"

女儿微笑着说："每个同学的妈妈都想为自己的孩子考第一而骄傲。如果我老是第一，他们的妈妈可怎么办呀？"

孩子得第一的妈妈的心情和孩子成绩差的妈妈的心情并列相比，两种心情完全相反，其趣就生于此。

类比幽默是把风马牛不相及的一些概念，或彼此之间没有历史的或约定俗成的联系的事物放在一起对照比较，显得不伦不类，以揭示其差异之处，即不协调因素。它能使人在会心的微笑或难堪的境况中开启心智，受到教育。

人们都清楚，微妙的男女关系里，有不少奇妙的心理因素支配着，要是你能巧妙地掌握和运用这些因素为自己服务，你将战无不胜，而这里所说的技巧就是幽默。

男人在没有竞争的情况下，获得女性的青睐后，他的自大心理便会油然而生，自以为很了不起，并且在自大之余，还会小看那位小姐，不珍惜那段情感。因此，女性这时就有必要抬高自己的身份去提醒他，以便获得较公平的对待。这时幽默是绝佳工具。

因为男人有保护、支配女人的愿望，同时对于容易获得的常常漠然视之，而对不易到手的却有着憧憬的倾向。巧妙控制这一心理，用实用效果极佳的类比幽默术是再好不过的了。

女朋友："我得告诉你，今天我接吻了5次。"

男朋友："什么？你说你今天是第 5 次接吻了？"

女朋友："是。"

男朋友："还有 4 个是谁？"

女朋友（故意停顿一下）："苹果、橘子、蔷薇、姐姐的孩子。"

这里的幽默之趣就出在那不相称的排列上，一时把男朋友的心搞得七上八下，会让他永远记住这一次的吻。你的智慧使他认为你是有价值的女性而对你另眼相看。

操作类比幽默术时，要注意将智慧和超脱精神结合起来，因为你的智慧能帮你选择多种类比对象，而你的超脱精神则能保证你不受一些不合理或常规思想的束缚。当你使用幽默术时，不妨参考一下先辈前人在这方面所留下的经典范例，你可以从中得到不少经验。

开玩笑要因人而异

不同的人笑点不同，禁忌也不同，所以，开玩笑一定要因人而异。切不可只顾自己开心，而伤害别人。

人们由于性别、年龄、经历的不同，就造成人与人之间的心理差异。例如有人性格开朗，有人性格内向；有人是多血质，有人是抑郁质；有人爱好玩乐，有人爱好学习。这些都表现出人与人之间的心理差异。开玩笑时如果不注意对方的性格，也容易出问题。

百人百姓百脾气。有些人在与不同的人打交道时，不了解对方脾气、性格、爱好等就随意行动，有时也会冒犯人。比如，有的人是小心眼，如果你说话不注意，就会惹人家不高兴。有的人是急性子，说话讲究干脆，可你却在那里啰唆，一遍又一遍地交代，他就会反感，以为你不相信他而生气。有的人把自己的脸面看得很重，自尊心太强，任何时候别人都冒犯不得。他们只喜欢好听的，不喜欢有人说他们的缺点，一旦有人揭他们的"伤疤"，就像捅了他们的"马蜂窝"，他们会不顾一切地和你大闹起来，与你为敌。

人们的心情常常有起伏变化，喜怒哀乐、有暗有明。当心情好的时候，交往成功的希望就大得多。因为在这时候，人们的心情好，兴致高，接受和包容各种意见的心理也健全和博大得多。哪怕是刺激性较强的言行，也能容忍、不去计较，不会造成不良后果。可是，当人们的心情不好，心事重重，十分烦躁时，他们对于外界信息的接受就会带有明显的倾向性和选择性，对于那些反面的信息就会持排斥反感的态度，而每一个人，在某一特定的时间内，都处于某一心境之中。

这样，在交往中，首先应当对对方所处的心境有所了解，有所体谅，并由此出发来选择话题，决定讲话内容以及所采取的表达方式等，这样才可能取得较好的效果。

性格不同，决定开玩笑的内容、方式和情境也不同。一般情况下，对于性格开朗的人来说，玩笑即使过火，他也能够接受，大不了一笑置之，可一旦碰上交往对象性格封闭，非常在意他人说话的用心，这时你采取如下做法，无疑是非常明智的：控制自己，不图一时痛快，随随便便开玩笑。另外我们也知道，性格开朗的人有时也会碰到烦心事，而性格内向的人有时也会"人逢喜事精神爽"，所以分别遇到这两种情况，对前者就不可以再说玩笑话，免得惹他生气；而对后者，恰如其分地开个小玩笑，相信他也会笑脸相对的。

最后，我们来一同确认一下，跟哪些对象交往时，不要随随便便开玩笑：

（1）不跟长辈或晚辈开男女感情方面的玩笑；

（2）跟普通的异性朋友单独相处时，不要随便开玩笑；

（3）在残疾人跟前，开玩笑一定要注意避讳；

（4）朋友跟别人谈正事时，切不要开朋友的玩笑。

拒绝伪幽默

幽默之所以成为幽默，其必要条件就是使人快乐，而一切痛苦或不愉快的因素都不能因它而生，否则就不是真正的幽默。

何为幽默？

对于幽默的含意各人都有不同的理解，当年鲁迅、蔡元培、林语堂等大家为译成"幽默"还是"诙摹"有过一番争论。"幽默"一词在中国得以广泛流传，林语堂先生功不可没。

林语堂说"humor"既不能译为"笑话"，又不尽同"滑稽"；若必译其意，或可用"风趣""谐趣""诙谐"，无论如何，总是不如音译的直截了当，也省得引起别人的误会。凡善于幽默的人，其谐趣必愈幽隐；而善于鉴赏幽默的人，其欣赏尤在于内心静默的理会，大有不可与外人道的滋味。

幽默，生动有趣而意味深长，中国古代称笑话为"雅谑"或"雅浪"，而幽默从字义看，幽者雅也，默则可理解为机智冷静，林语堂的译法可谓独到。

幽默这个外来词在我们生活中经历了很长时间，随着时间的流逝，幽默的定义逐渐被曲解了；幽默这个高雅的词也被滥用了；被称之为"有趣"的东西实际上是低级趣味；被称之为"可笑"的东西常常令人似笑非笑而感到乏味；被称之为"意味深长"的东西实际上是意味"伸长"到无影无踪。

幽默的制造千万不要拿别人的要害当原则，勿以讽刺他人为乐。

众所周知，幽默是以社会生活为基础产生的，它不是虚飘在空中的幻景，它的存在本身体现了人们多方面的社会功利需要，包括惩恶扬善、沟通心灵、调解纷争等，这使幽默必然地要和讽刺、嘲笑、揭露联系在一起。

但是，幽默所有的善意的讽刺、温和的嘲笑，其中灌注着深厚的情感因素，正像萨克雷《布朗先生致侄儿书》所说的："幽默是机智加爱。"爱减弱了幽默批评的锋芒，通过诱导式的意会发生潜移默化的作用。

苛刻的幽默很容易流于残忍，使人受到伤害、陷于焦虑之中。通常，讥讽、攻击、责怪他人的幽默，也能引人发笑，但是它却常常造成意想不到的后果，使本应欢乐的场面变得十分难堪。

一般来说，无知是可笑的，无知还偏要装得有学问、精明，就更可笑了。将无知作为幽默"原料"，虽然有些道理；若问题牵涉别人的无知时，如果忘记当时的背景，只是嘲笑他们，是不公平的，也是不近人情的。

幽默之所以成为幽默，其必要条件就是使人快乐，而一切痛苦或不愉快的因素都不能因它而生，否则就不是真正的幽默。

另外，千万别轻视别人的职业或种族。

职业歧视很致命。你嘲笑对方本来就不满意的职业无异于嘲笑对方的才干、信仰、人品甚至人格，因而随意玩笑的结果只能是造成彼此深切的隔阂。

人的职业选择有自愿和不自愿两种，因而心理上也会产生骄傲或自卑两种截然不同的情结。扬扬得意者固然从你的风趣中感受到了羡慕，而更多的失意者则只能从你的调侃里嗅出轻蔑的气味，由此产生无法消除的误解。

同样，种族蔑视也是施展幽默的一大障碍。人，特别是东方人最讲宗族，民族的一切都被披上神圣的色彩，轻慢抑或戏谑对于民族感情来说是十分危险的。不但费力不讨好，还可能招致灾祸，引起强烈的不满。

幽默家赫伯·特鲁有一次去看一个朋友，他以这样一句话来开始彼此的谈话："我来讲个波兰人的笑话。"

"算了，赫伯，"他的朋友说，"我不愿听。"

"我真不明白，"他抗议道，"你是波兰裔的美国人，而我也算半个波兰裔的美国人。为什么我们不能说个波兰人的笑话来听听呢？"

"算了吧，"朋友坚持，"不要告诉我任何波兰人的笑话。"

这个例子中所蕴藏的正是一种"说不清道不明"的微妙情绪，如果冒犯它无疑会引发冲突，从而带来关系与感情的破裂。

开玩笑要符合场合

有些场合，适合大家说说笑笑，但有些场合，是不能开玩笑的。说话要注意场合，开玩笑更是如此。

一般来讲，严肃、静穆的场合，言谈要庄重，不能开玩笑。而在喜庆的场合，则要注意自己所开的玩笑能否给喜庆的环境增添喜悦的气氛。如果因为你的玩笑，而使人扫兴就不好了。工作时间不宜开玩笑，以免因注意力分散影响工作，甚至导致事故……总的来说，开玩笑一定要先看清楚场合，搞清楚状况。

1. 正式场合与非正式场合

交际场合有正式（公开）与非正式（私下）之分，一般来讲，在正式场合，所表达的内容及采取的形式应当是比较庄重的，而在非正式场合，就可以随便一些。

有一位很有知名度的老干部做报告，一开始，报告人先客气了一番，无非是说自己并没有做什么，也不是什么了不起的大人物，到这里，他又说出了这么一句："我只不过是一个骚达子。""骚达子"是东北口语中表示"跑腿的""听人指使的""无足轻重的小人物"等意思的词，含有较强的戏弄或蔑视意味。据说，这是一个来自俄语的音译词。在这样一个正式场合，用了这么一个"不登大雅之堂"的词，使人感到很不协调。

非正式场合中可以开的玩笑话，用在正式场合中就显得过分了。

据报载，葡萄牙的环境部部长，只因不看场合说了句玩笑话而丢掉了乌纱帽。事情是这样的：葡萄牙的阿连特加地区，因水中含铝超标，已经致使16个人的大脑受损医治无效而先后死去，医院里还有些同样的病人处于危险状态。政府决定彻底查清原因，采取防治措施。为此，环境部、卫生部的负责人、专家和有关医生在米纽大学举行讨论会。会后休息时，环境部部长指着医院的几个医生对大家开玩笑说："你们知道他们和阿连特加地区最近死去的那些人有什么关系吗？他们将那些人弄到回收工厂，从那些人的肾脏中回收铝。"

这当然是说笑话，怎么可能从人体中回收铝呢？但是，在这样不幸的令人焦灼不安的时刻和场合开这样的玩笑，实不应该。为此，这位环境部长事后声明道歉，并引咎辞职。

这些事例充分说明，在正式场合与非正式场合说话的影响力是不同的，在正式场合说话应特别谨慎，否则就会得罪人。

2. 喜庆场合与悲痛场合

在有些交际场合，某种情感色彩的氛围很浓，在这样的场合氛围中，要求人们的言行要与此情此景相一致、融合。比如，在喜庆的场合，人们的言行就应有更多的欢乐色彩，彼此在情绪上才能共鸣。在悲伤的场合，人们的言行应更有人情味，更富同情色彩，才有助于感情的沟通。

一般情况下，人们不会有意识地讲一些与某一场合中的气氛截然相反的话，比如在喜庆的场合说悲痛的话，或者颠倒过来，在悲痛的场合说逗笑的话。

合理拒绝，
让人心服口服的拒绝技巧

第 8 章

师出有名，给你做的每件事一个说法

很多时候，我们需要为自己所做的事找一个理由，这样，我们所做的事才更容易得到别人的认同。这个理由，就是说法，就是你之所以这样做的原因。理由充足，才能师出有名。

做任何事情都要有正当的理由，至少是表面上的。古往今来，凡是成大事的人，都懂得为自己做的事找一个能够为人所接受的借口。

人与人交往，我们有时难免要借助善意的借口、美丽的谎言，因为它是关心对方、理解对方的一种表示，对人际关系的和谐大有裨益。如果我们懂得运用这种真诚和善意来处理相互间的关系，我们与他人的交往便更具艺术性。

戴尔·卡耐基在《人性的弱点》一书中，有这样一个例子：

一个妇女应老师的要求，回到家中请她的丈夫给自己列出6项缺点。本来，她丈夫可以给她列举出许多缺点，但是，他却没有这样做。而是借口说自己一时还很难想清楚，等次日想好后再告诉她。

第二天，他一起床，便给花店打了一个电话，要求给他家送来6朵玫瑰花，并附了一张字条："我想不出有哪6项缺点，我就喜欢你现在的样子。"结果，他妻子不仅非常感激他那善意的宽容，而且自觉、自愿地改正了以前的缺点。

直言不讳也许是好的，但往往会事与愿违。而一个美丽的谎言，却可能会取得奇效。

日常交往中，我们每个人都在有意、无意地用着这样或那样的借口。比如，朋友来家做客，不小心打碎了茶杯，这时，你马上说："不要紧，你才打了1只，我爱人曾经打碎了3只。相比起来，你的战绩平平。"这种幽默的借口，既打破了尴尬的局面，也避免了对方陷入难堪的境地。

可见，在日常生活中，要处理好人与人之间的关系，做到善解人意、与人为善，有时就需要寻找合适的借口，因为这种善意的借口既能满足对方的自尊心，维护对方的颜面，又可以让自己摆脱不必要的尴尬和难堪。

知己知彼，托词才更好说

要想说好让对方心服口服的托词，要先了解对方，根据对方的脾性说出合理的能让对方接受的托词。

什么样的托词才能够让对方欣然接受呢？如果你对对方不够了解的话，显然你很难说好托词。

首先，应先了解对方的一些经历及生活状况。思维方式不同，人的观念也不同，因此，要了解他的人生观、价值观。

其次，必须注意对方的心境。如果在交谈当中，不顾对方的心理变化，而一味地将想法统统搬出来，那么，你是得不到他的认同的。一厢情愿的谈话往往会让对方厌恶。

再次，在交谈过程中应兼顾对方的心理活动，使谈话内容和听者的心境变化同步，这样才能引起共鸣。不该说话的时候说了，则犯了急躁的毛病；该说话的时候却没有说，从而失掉了说话的时机；不看对方的态度便贸然开口，便不能说出让对方接受的话。

性格外向的人易于"喜形于色"，可以和他侃侃而谈；性格内向的人多半"沉默寡言"，与其交往时则应注意委言婉语、循循善诱。

你的托词不能损害对方的利益

从对方的利益出发，掌握好说"不"的分寸和技巧，给对方一个能够接受的，并且不会伤害对方的托词十分重要。

随着社会的发展，人与人之间的交往越来越密切，也越来越复杂。比如，我们经常会发现办公室中谈笑风生的两个人，其实早已积怨很深。或者昨天还势如水火的两个同事，今天却亲密得俨如老友。从中我们可以看出，办公室中的人际关系确实是高深莫测，让人难以捉摸。其实，我们每个人都希望能够得到他人的关注与理解。因此在职场上，我们要学会理解他人，要把握处理事情的分寸，尤其是我们因为各种原因而不能配合对方时，一定要从对方的利益出发，说好托词。

例如，在办公室里，你在拒绝别人请求时，如只是说"我很忙"，对方则会说你不爱帮助别人。所以，拒绝别人时，要具体地说明一下理由。

再如，你正忙着整理第二天重要会议的资料时，你的上司走过来对你说："先处理这份文件。"

这时，你可以明确地告诉他自己正在为第二天重要会议准备资料，然后让上司判断哪个工作更加急迫。

"是这样啊！你正在做的工作不尽快完成可不行，我的这份之后再弄。"

每个人总会有需要别人施以援手的时候，所以，多一个敌人绝对不是什么好事情。虽然我们避免不了拒绝的发生，却可以采取适当的拒绝方式，最大限度地避免因为拒绝而树敌。

经常有人会说出这样的话："这件事情恕难照办""我们每天都一样地工作，凭什么要我帮你的忙"……如果你听到些话，会是什么反应呢？你会很高兴很客气地说"既然如此，那我就不打扰你了，对不起"吗？恐怕不会吧。你一定非常不开心，从此疏远这个人。

一般情况下，我们在拒绝别人的时候要注意以下几点：

1. 积极地倾听

当你要拒绝别人的请求时，不要随口就说出自己的想法。过分急躁地拒绝最容易引起对方的反感，应该耐心地听完对方的话，并用心弄懂对方的理由和要求，让对方了解到自己的拒绝不是草率做出的，是在认真考虑之后才不得已而为之的。

2. 用和蔼的态度拒绝对方

不要以一种高高在上的态度拒绝对方的要求，不要对他人的请求流露出不快的神色，更不要蔑视或忽略对方，这都是没有修养的具体表现，会让对方觉得你的拒绝是对他抱有成见，从而对你的拒绝产生逆反心理。拒绝对方要保持和蔼的态度，要真诚。

3. 明白地告诉对方你要考虑的时间

我们经常碍于面子不愿意当面拒绝他人的请求，而是以"需要考虑"为借口来避免直接拒绝对方，其实希望通过拖延时间使对方知难而退。这是错误的。如果不愿意立刻当面拒绝，应该明确告知对方考虑的时间，表示自己的诚意。

4. 用抱歉的话语来缓和对方的情绪

对于他人的请求，表示出无能为力，或迫于情势而不得不拒绝时，一定记得加上"实在对不起""请您原谅"等抱歉用语，这样，便能不同程度地减轻对方因遭拒绝而受的打击，舒缓对方的挫折感和对立情绪。

5. 说明拒绝的理由

在拒绝他人的请求时，不要只用一个"不"字就想使对方"打道回府"，而应给"不"加上合情合理的注解，以使对方明白，自己的拒绝并非是毫无理由，而是确有苦衷。真诚地说出你拒绝的理由是非常必要的，它有助于你们维持原有的友好关系。

6. 提出取代的办法

当你拒绝别人时，肯定会影响他计划的正常进程，甚至使他的计划搁浅。如果你帮他提供一些建设性的意见，当然更能减轻对方的挫折感和对你的怨恨心理。

7. 对事不对人

你要想方设法地让对方知道你拒绝的是他的请求，而不是他这个人。

总而言之，成功地拒绝别人的请求不仅可以节省自己的时间和精力，还可以免除由不情愿行为所带来的心理压力。但前提是，拒绝时必须不损害对方的利益。

托词要真诚，不能让人感觉你敷衍了事

当你不得不拒绝别人时，要想好一些真诚的托词，让别人打从心眼里觉得的确是你能力有限从而不得不拒绝。

拒绝总是会让人感到不愉快。委婉拒绝无非是为了减轻双方，特别是对方的心理负担，并非玩弄"技巧"来捉弄对方。特别是上司拒绝下属的要求时，不能盛气凌人，要以同情的态度，关切的口吻讲述理由，使之心服。在结束交谈时，一定要表示歉意。一次成功的拒绝，也可能为将来的重新握手、更深层次的交际播下希望的种子。

从事销售的小刘遇上一位工作狂的上司，很多同事都因此而"逃离"了，而她却能始终保持极佳的工作状态，她是怎么做的呢？

小刘说："一开始我也像他们一样以办公室为家，日日夜夜伏案工作，在我的字典里'休息'这个词似乎早就不存在了。后来我发现，工作狂的老板通常有一个思维定式：他们一般疏于考虑自己分配下去的任务量有多少，下属需要花费多长时间可以搞定，他们想当然地认为你应该没问题。所以，以后如果我觉得工作量过大，超出了个人能力所能达到的范畴时，我不会一味投身于工作中蛮干，要知道，不说出来的话，工作狂的老板是不会体会到你的负荷已经到了警戒线的。这也不能怪他，每个人的承受能力不同，老板又如何能体会到下属执行当中的难度与苦衷？这个时候，下属应该主动与老板沟通交流。口头上的陈述困难或许有故意推托之嫌，书面呈送工作时间安排与流程，靠数据来说明工作过多，让他相信，过多的工作令效率降低。合理正确的沟通会令老板了解你的需求，从而适当调整任务量及完成时间，或选派更多的同仁来帮你分担。"

试想一下，如果小刘怕得罪上司而勉强接受所有任务，到时完不成任务更会受到上司的指责，如果因为自己不事先说明难度，最后又耽搁公司整体事务的进展，罪过就更大了。这种坦诚拒绝的方法不仅适用于上司，也适用于周围的同事、朋友。当然，坦诚拒绝也要讲究方式。

当别人向你提出请求时，他们一定会担心你会不会马上拒绝自己，或者给自己脸色看。所以，在你决定拒绝之前，首先要注意倾听他的诉说。比较好的办法是，请对方把处境与需要讲得更清楚一些，这样，自己才知道如何帮他。

倾听能够让对方感受到你的尊重和真诚，在你委婉地向对方表达了自己的拒绝时，这可以避免使对方的感情受到严重的伤害。

倾听的另一个好处是，你虽然拒绝他，却可以针对他的情况，建议如何取得适当的支援。若是能提出有效的建议或替代方案，对方一样会感激你，甚至在你的指引下找到更适当的解决方案。

直接地拒绝只会伤害彼此的感情，而委婉地说"不"却更容易让人接受。当你仔细倾听了别人的要求、并认为自己应该拒绝的时候，说"不"的态度必须是温和而坚定的。

例如，当对方提出的要求不符合公司或部门的规定，你就要委婉地让对方知道自己帮不了这个忙，因为它违反了公司的相关规定。在自己工作已经排满而爱莫能助的前提下，要让他清楚地明白这一点。一般来说，同事听你这么说一定会知难而退，再想其他办法。

拒绝除了需要技巧，更需要耐性与关怀。若只是敷衍了事，这样只会伤害到对方。

助你驰骋商场的实用托词术

当做业务的你没法满足顾客所提出的要求时，不要直截了当说"不"，因为这样会伤害顾客，进而失去很多潜在的顾客。为了让顾客心理平衡，要找好托词，于无形中驳回顾客的要求，这样即使交易失败，也会赢得顾客的好感，进而为自己留住潜在顾客。

顾客就是上帝，在销售场合中，当我们需要否定顾客的意见时，应尽量避免使用"不""不行""办不到"等词语。可是如果必须要说出这些字眼时，就要找到适当的托词，并且予以顾客另外的补偿，以使他心理平衡，从而让他对你产生好感。

1. 提出建议，介绍新去处

假如你的商品已售完，可以向他介绍其他有这种商品的地方。这种处处为顾客着想的做法可以提升你的形象，从而赢得顾客的再次光临。

"真抱歉，这种商品正好卖完了。您来看看这种，或许正是您所需要的。"

"真是很不好意思，我找遍了都没有找到您所需要的号码，这样吧，您明天再过来，我提前给您准备好。"

"您来得真是不凑巧，我们这儿正好没有这种商品了.，您可以去某店，那里很可能会有。"

做出否定回答的同时，给顾客提出建设性的建议，也就相当于他在你那里得到了需要的满足，可以留给他一个好印象。

2. 补偿安慰拒绝法

当在价格上无法接受顾客提出的要求时，若断然予以否定定会破坏推销的气氛，打击顾客的购买欲，甚至可能会惹恼顾客，从而导致交易的失败。为避免这种情况的发生，推销员在拒绝顾客的时候，应在其可以承受的范围内，予以适当的补偿，并以此来满足顾客想买到便宜货的心理。

"价格不能再降了，这样吧，在价格上您做一些让步，我给您再配上一对电池，怎么样？"

"抱歉，这已经是全市的最低价了，要不这样，我们免费给您送货，如何？"

在商品本身以外给予一定的利益，以此来拒绝顾客减价的要求，使交易不至于因为遭到否定而中断。

3. 寓否定于肯定

顾客的要求假使你满足不了，你的拒绝中并没有包含任何一个否定的词语，而顾客却能听出你的弦外之音。这种方法让你的否定含义隐含在肯定句中，顾客一听就可以明白，既可以避免顾客的难堪，也不会使人觉得你的拒绝很唐突。

（笑着说）"周经理，光天化日之下您这是要抢劫啊！"

"您开出的价格有点儿那个，您看是不是……"

在肯定句中包含有否定的意思，指出顾客的要求有欠妥当之处，像这样软弱的否定一般不会轻易伤害顾客的自尊心，并比较容易被顾客所接受，从而也能使交易顺利地进行下去。

对于那些不论产品质量如何，看到价格就先"砍一半价"的消费者，推销员应该不卑不亢，学会拒绝。

消费者："这东西是很好，不过价格太贵了，便宜点儿吧。"

推销员："不好意思，这是公司定的价格，我们是不能随意改动的，公司有规定既不允许我们故意抬高价格来欺骗顾客，也不准我们随便打折。说实在的，我们公司的产品从来不在品质上有所折扣，因此在价格上也从不打折。"

这样既可以表明产品在质量上的可靠性，说明它物有所值，同时也向顾客说明了产品的价格是很合理的，也是比较便宜的，所以不可能再降了。

对于那些比较善"缠"的顾客则可以使用"重复"的说服方法，坚守"不"的立场，把握住"好货不便宜"的消费心理，你越是不降低价钱，就越能证明你的商品好，不愁没人要。当然用这种方法要慎重，态度不能过于强硬而把消费者吓跑。

消费者："做生意灵活些嘛，你做些让步，我给你再加点儿钱，咱们就成交了嘛。"

多数时候这是消费者希望推销员能够降价的最后尝试了，这时推销员一定要更加耐心，诚恳地对待你的准客户。

推销员："实在很抱歉，我们的售价就是这样了，质量上乘的产品价格都是不便宜的。如果价格低，但是产品不好，不是欺骗消费者吗？"

这种重复说"不"的方式，能够加深顾客认为你推销的商品质量好的印象，相信这样一来他一定不会再在价格上为难你了，只要是好东西，即使多花一点儿钱，那么消费者从心理上也是可以接受的，并且会有踏实的感觉。学会说"不"并善于利用"不"，你就一定不会再让价格成为你推销的障碍了。

幽默拒绝很管用

用幽默的方法拒绝别人，既可以缓解紧张的氛围，又不会影响彼此的友谊。

玛丽抱怨她的丈夫说："你看邻居 W 先生，每次出门都要吻他的妻子，你就不能做到这一点吗？"丈夫说："当然可以，不过我目前跟 W 太太还不太熟。"

玛丽的本意是要她的丈夫在每次出门前吻自己，而丈夫却有意地曲解为让他吻 W 太太，委婉地表达了自己不愿意那样做的本意。

直接拒绝别人很容易伤害对方，甚至造成许多误解，破坏彼此间的友谊。但是，利用幽默，巧妙拒绝，却能使很多问题迎刃而解。

有位员工代表向老板谈加薪的问题，并使出了眼泪战术，苦苦哀求道："老板，请你一定要帮帮忙，现在这点儿薪水我实在无法和我太太继续在一起生活下去呀！"上司回答说："好吧！那么我会出面来说服你太太，要她跟你离婚的。"

在工作当中，如果不懂得拒绝的技巧，往往会吃亏上当。下面的例子很有借鉴意义。

大个子瑞克是一位被公司冷落的老主任。有一天，某部门经理拍着他的肩膀说："瑞克，你看是不是要早日把你的职位让给年轻人！"

"好啊！就这么办！"

"咦！你愿意？"

"是啊！不过俗话说，'鸟去不浊池'，所以我有一个请求，希望能让我把正在进行的工作彻底做好再走。"

"哦！这是理所当然的。不过，你那个工作预计什么时候可以完成呢！"

"我想，大概还要10年。"

在拒绝别人时，采用幽默的方式不但不会伤害到对方，而且还可以避免不必要的尴尬。

拒绝的话要合情合理

如何拒绝别人是一门艺术，这门艺术的关键点就在于拒绝别人的话要怎么说才能让别人觉得合情合理，进而让别人更容易接受。

人的一生就是在不断地接受和拒绝中度过的。如果拒绝未采用合适的方法和相应的技巧就容易伤害对方，引发怨恨和不满，从而导致人际关系的破裂，让自己陷入非常被动的境地之中。即使不至于闹到很严重的地步，因拒绝而引起的疙瘩也会使对方耿耿于怀。

"我实在没有钱借给你，否则，我就不必如此地拼命了""我们非亲非故的，凭什么要帮你"……在遭受这样的拒绝后，你会有怎样的反应呢？你一定会感到恼羞成怒，用犀利的言语回击对方。

有时，对方与我们反目成仇，并非完全是由于我们拒绝了他，更多的是我们拒绝的语言和方式伤害了他。那么我们要如何拒绝呢？

1. 借口要实在

小李 24 岁，才貌双全，大学毕业后分配到一家公司工作。不料，她的顶头上司——部门经理对她一见倾心，便发起了猛烈的攻势。小李怕直接回绝会伤了上司的自尊，给自己以后的工作带来不便。考虑再三，最后小李决定实话实说，于是彬彬有礼地告诉经理："我已另有所爱，只是男友暂时在外地工作。"如此一来，经理在"恨不相逢未嫁时"的深深遗憾中打消了自己的念头，以平常心对待小李。

2. 借口要圆滑

小林陪女友逛商店，女友在某时装店看中了一件风衣，价格不菲，而小林觉得这件衣服很普通，不值这个价。但是在女友面前不便说，否则女友会认为自己是个小气鬼，两人免不了要闹一阵子情绪。只见小林鼓动女友试衣，左看右看后对女友说："很合身，但我觉得你穿上它气质不如从前了。主要是款式太新潮，不适合你的职业特点，倒更像是较前卫的女孩穿的。"女友一听此话，忙不迭地脱下风衣，拉着小林离开了商店。

小林巧用衣服与气质的关系，让女友主动放弃了自己中意的风衣，达到了自己的目的。

先承后转避直接

对对方的请求最好避免一开口就说"不行"，而是要表示理解、同情，然后再据实陈述无法接受的理由，获得对方的理解，自动放弃请求。

有时对方提出的要求有一定的合理性，但因条件的限制又无法予以满足。在这种情况下，拒绝的言辞可采用"先肯定后否定"的形式，使其精神上得到一些满足，以减少因拒绝而产生的不快和失望。例如，一家公司的经理对一家工厂的厂长说："我们两家搞联营，你看怎么样？"厂长回答："这个设想很不错，只是目前条件还没有成熟。"这样既拒绝了对方，又给自己留了后路。

对对方的请求最好避免一开口就说"不行"，而是要表示理解、同情，然后再据实陈述无法接受的理由，获得对方的理解，让对方自动放弃请求。

李刚和王静是大学同学，李刚这几年做生意虽说挣了些钱，但也有不少的外债。两人毕业后一直无来往，忽一日王静向李刚提出借钱的请求，李刚很犯难，借吧，怕担风险；不借吧，同学一回，又不好拒绝。思忖再三，最后李刚说："你在困难时找到我，是信任我，瞧得起我，但不巧的是我刚刚买了房子，手头一时没有积蓄，你先等几天，等我过几天账结回来，一定借给你。"

先扬后抑这种方法也可以说成是一种"先承后转"的方法，这也是一种力求避免正面表述，而采用间接拒绝他人的一种方法。先用肯定的口气去赞赏别人的一些想法和要求，然后再来表达你需要拒绝的原因，这样你就不会直接地去伤害对方的感情和积极性了，而且还能够使对方更容易接受你，同时也为自己留下一条退路。一般情况来说，你还可以采用下面一些话来表达你的意见，"这真的是一个好主意，只可惜由于……我们不能马上采用它，等情况好了再说吧"，"这个主意太好了，但是如果只从眼下的这些条件来看，我们必须要放弃它，我想我们以后肯定是能够用到它的"，"我知道你是一个体谅朋友的人，你如果对我不十分信任，认为我没有能力做好这件事，那么你是不会找我的，但是我实在忙不过来了，下次如果有什么事情我一定会尽我的全力来支持你"等。

有的时候对方可能会很急于事成而相求，但是你确实又没有时间，没有办法帮助他的时候，一定要考虑到对方的实际情况和他当时的心情，一定要避免使对方恼羞成怒，以免造成误会。

拒绝还可以从感情上先表示同情，然后再表明无能为力。

黄女士在民航售票处担任售票工作，由于经济的发展，乘坐飞机的旅客与日俱增，票常常很快就卖完了，黄女士时常要拒绝很多旅客的订票要求。黄女士每每总是带着非常同情的心情对旅客说："我知道你们非常需要坐飞机，从感情上说我也十分愿意为你们效劳，使你们如愿以偿，但票已订完了，实在无能为力。欢迎你们下次再来乘坐我们的飞机。"黄女士的一番话，叫旅客再也提不出意见来。

对领导要这样拒绝

当领导提出某种要求而下属又无法满足时，设法造成下属已尽全力的错觉，让领导自动放弃其要求，这也是一种好方法。

领导委托你做某事时，你要善加考虑，这件事自己是否能胜任？是否违背自己的良心？然后再做决定。

如果只是为了一时的情面，即使是无法做到的事也接受下来，这种人的心似乎太软。纵使是很照顾自己的领导委托你办事，但自觉实在是做不到，你就应该很明确地表明态度，说："对不起！我不能接受。"这才是真正有勇气的人。否则，你就会误大事。

如果你认为这是领导拜托你的事不便拒绝，或因拒绝了领导会使其不悦而接受下来，那么，此后你的处境就会很艰难。因畏惧领导报复而勉强答应，答应后又感到懊悔时，就太迟了。

领导所说的话有违道理，你可以断然地驳斥，这才是保护自己之道。假使领导欲强迫你接受无理的难题，这种领导便不可靠，你更不能接受。

尽管部下隶属于领导的，但下属也有他独立的人格，不能什么事不分善恶是非都服从。倘若你的领导以往曾帮过你很多忙，而今他要委托你做无理或不恰当的事，你更应该毅然地拒绝，这对领导来说是好的，对自己也是负责的。

当然，拒绝领导的要求不是一件容易的事。谁都不敢因此而得罪领导。因为领导有可能掌握你一生的前程。然而，你知道一些拒绝领导的技巧，就能两全其美，既不得罪领导，又可以表明拒绝之意。不过要强调的是，这些技巧仅限于那些领导的非合理要求。

当领导提出一件让你难以做到的事时，如果你直言答复做不到时，可能会让领导有损颜面，这时，你不妨说出一件与此类似的事情，让领导自觉问题的难度而自动放弃这个要求。

当上司要求你做违法的事或违背良心的事时，你要平静地解释你对他的要求感到不安，你也可以坚定地对上司说："你可以解雇我，也可以放弃要求，因为我不能泄露这些资料。"如果你幸运，老板会自知理亏并知难而退；反之，你可能会授人以柄。但假若你不能坚持自身的价值观，不能坚持一定的准则，那只会迷失自己，最终会影响工作的成绩，以致断送自己的前途。

当上司器重你并将你连升两级，但那职务并不是你想从事的工作时，你可以表示要考虑几天，然后慢慢解释你为何不适合这工作，再给他一个两全其美的解决方法："我很感激你的器重，但我正全心全意发展营销工作，我想为公司付出我的最大的努力，集中建立顾客网络。"正面地讨论，可以使你被视为一个注重团体精神和有主见的人。

当领导提出某种要求而下属又无法满足时，设法造成下属已尽全力的错觉，让领导自动放弃其要求，这也是一种好方法。

比如，当领导提出不能满足的要求后，就可采取下列步骤先答复："您的意见我懂了，请放心，我保证全力以赴去做。"过几天，再汇报："这几天×××因急事出差，等下星期回来，我再立即报告他。"又过几天，再告诉领导："您的要求我已转告×××了，他答应在公司会议上认真地讨论。"尽管事情最后不了了之，但你也会给领导留下好印象，因为你已尽力而为，领导也就不会再怪罪你了。

通常情况下，人们对自己提出的要求，总是念念不忘。但如果长时间得不到回音，就会认为对方不重视自己的问题，反感、不满由此而生。相反，即使不能满足领导的要求，只要能做出些样子，对方就不会抱怨，甚至会对你心存感激，主动撤回已让你为难的要求。

你也可以利用群体掩饰自己说"不"，这不失为一大妙招。

例如，你被领导要求做某一件事时，其实很想拒绝，可是又说不出来，这时候，你不妨拜托两位同事和你一起到领导那里去，这并非所谓的三人战术，而是依靠群体替你做掩护来说"不"。

首先，商量好谁是赞成的那一方，谁是反对的那一方，然后在领导面前争论。等到争论一会儿后，你再出面含蓄地说"原来如此，那可能太牵强了"，而靠向反对的那一方。

这样一来，你可以不必直接向领导说"不"，就能表明自己的态度。这种方法会给人"你们是经过激烈讨论后，绞尽脑汁才下结论"的印象，而包括领导在内的全体人士都不会有哪一方受到伤害的感觉，从而领导会很自然地自动放弃对你的命令。

对于超负荷工作的要求，你即使是力不能及，也不能马上面露难色。不妨先动起手来做，让事实来证明领导的要求是不可能达到的。

下面是发生在职场中的一件事情：

"小康，请你今晚把这一叠讲义抄一遍。"经理指着厚厚一叠稿纸对秘书小康说。小康听到此言，面对讲义，面露难色，说："这么多，抄得完吗?""抄不完吗? 那请你另觅轻松的去处吧!"也许经理正在气头上, 于是小康被"炒了鱿鱼"。

小康的被"炒"实在令人惋惜。像她这样生硬、直接地拒绝上司的要求, 给上司的感觉是她在对抗, 不服从指示, 因而扫了上司的威信, 被"炒"也就难免了。其实, 她可以处理得更灵活些。她不妨这样, 立即搬过那一堆稿子埋头就抄起来, 过一两个小时后, 把抄好了的稿子交给经理, 再委婉地表示自己的困难, 那么经理肯定会很满足于自己说话的威力, 并意识到自己的要求的不合理处, 而延长时限。小康就不至于被解雇。

拒绝上司必须把握以下 3 点:

1. 要有充分的拒绝理由

首先设身处地, 表明自己对这项工作的重视; 然后再表明自己的遗憾, 具体说明自己为什么不能接受。如说:"我有件紧急工作, 必须在这两天赶出来。"充足的理由、诚恳的态度一定能取得上司的理解。

2. 不可一味地拒绝

尽管你拒绝的理由冠冕堂皇, 但是上司仍坚持非你不行。这时, 你便不能一味地拒绝, 否则, 上司可能会以为你是在推托, 从而怀疑你的工作干劲和能力, 以致失去对你的信任, 在以后的工作中, 会有意无意地使你与机会失之交臂。

3. 提出合理的接替方法

对上司所交代的事, 你不能接受, 又无法拒绝, 这时, 你可得仔细考虑，千万不可怒气冲天，拂袖而去。你可以与上司共商对策，或者说："既然这样，那么过两天，等我手头的工作告一段落，就开始做，你看怎么样。"你也可以向上司推荐一位能力相当的人，同时表示自己一定会去给他出点子，提建议。这样，你一定能进一步地赢得上司的理解和信任，也会为你以后的工作、生活铺开一条平坦的大道，因为上司也和你一样是个普普通通、有血有肉、有感情，也当过职员的人。

把握好以上要点，才能不让自己难堪，也不会失去上司的信任。

拒绝的最有力武器，在对方自身

在寻求拒绝的技巧过程中，要知道，拒绝对方的最有力武器，往往在对方自身。

在交际过程中，当自己处于不利态势，为了寻找转机，加强己方的立场，也需要找借口拒绝对方。这时，如果你能灵活机智地用对方的话来拒绝对方，就能使对方不再坚持，从而达到自己拒绝对方的目的。

有一次，萧伯纳的脊椎骨出了毛病，需从脚上取一块骨头来补脊椎的缺损。手术做完后，医生想多捞一点儿手术费，便说：

"萧伯纳先生，这是我们从来没有做过的新手术啊！"

萧伯纳当然听出了医生的言外之意，但向病人收取额外的手术费，显然是不合规定的，萧伯纳不愿意再给医生"塞包"，但又不便明确拒绝，便顺着另一层意思说下去：

"这好极了！请问你们打算支付我多少试验费呢？"

医生顿时窘住了，只好讪讪离开。萧伯纳的思维：既然你要强调这是从来没有做过的新手术，那我的身体便变成试验品了！萧伯纳合理地从对方的话里引出了一个合乎逻辑的相反结论，巧踢"回传球"，让对方哑巴吃黄连——有苦说不出。

有很多的问题，我们还可以巧妙地把对方设置在同样的情景，以此来引诱对方做出他的判断，从而让对方明白自己的处境或意思，巧妙地拒绝对方的要求。

在历史上就有一个这样的例子：

有一次，一个人问艾森豪威尔将军一个有关军事机密的问题，艾森豪威尔将军做耳语状说："这是一个机密问题，你能替我保密吗？"于是那个人就连忙说道："我一定能！"艾森豪威尔将军则回答道："那我同样也能！"

这样的例子在我们的日常生活中也屡见不鲜。

小李从一个朋友那里借了一架照相机，他一边走一边摆弄着，这时刚好小赵迎面走来了。他知道小赵有个毛病：见了熟人有好玩的东西，非得借去玩几天不可。这次看见了他手中的照相机又非借不可了。尽管小李百般说明情况，小赵依然不肯放过。小李灵机一动，故作姿态地说："好吧，我可以借给你，不过我要你不要借给别人，你做得到吗？"小赵一听，正合自己的意思。他连忙说："当然，当然，我一定做到。""绝不失信？"小赵还追加一句说："失信还能叫作人？"小李斩钉截铁地说："我也不能失信，因为我也答应过别人，这个照相机绝不外借。"听到这儿，小赵目瞪口呆了，这件事也只有这样算了。

通过设问，抛砖引玉，以对方的回答来作为拒绝依据，使对方就此作罢。因为人不可以出尔反尔，自我推翻。

小陈是小杨的一个好朋友。有一天，小陈来到小杨的单位，找小杨帮他办一件事，为他的未婚妻报仇。原来小陈的未婚妻被车间主任欺侮了，小陈发誓要为未婚妻报仇，而且还买了一把锋利的弹簧刀，想杀掉那个车间主任，但考虑到车间主任人高马大，自己一个人对付不了他，于是就想请小杨帮忙。小杨听后，心中很明白，尽管那个车间主任不是好东西，应该教训教训他，但如果感情用事，将他杀了，那是会犯罪的。因此，小杨决定拒绝小陈，也不能让他办错事。他问小陈："你爱你的未婚妻吗？"

"爱，当然爱，如果不爱我才不管这事呢。"小陈回答说。

"这就好，爱一个人不容易，真正爱上一个人，是不管她遇上多么大的不幸，都会永远爱她，相反，在她遇到不幸时还要帮她解脱出来。如果你将主任杀了，只是感情用事，并不是爱她，这是在伤害她，使她更伤心。她也不会为此而感谢你，相反会恨你。坏人总是要受到惩处的，这要靠法律。车间主任的行为是犯法的。这样吧，我帮你和你的未婚妻运用法律的手段来惩处车间主任吧，我相信，法律会给你们一个满意的答复的。"

小陈听了小杨的一番话，放弃了报仇的想法，最终运用法律惩处了那位车间主任。而小陈也非常感谢小杨对他的帮助。

小杨先拿到一个肯定的答案：小陈爱自己的未婚妻。既然是爱，那就应该采取一种正确的态度和方式来帮她摆脱困境。小杨透彻地阐释了什么才是真正的爱，如果小陈还不放弃报仇的想法，那就说明他并不爱自己的未婚妻。因此，小陈只好放弃了找小杨协助犯罪的念头。

在寻求拒绝的过程中，要知道，拒绝对方的最有力武器，往往在对方自身。我们应该懂得引导对方的谈话，从对方口中拿到自己拒绝对方的理由。

找一个人代替

假如你抽不开身，实事求是地讲清自己的困难，同时热心介绍能提供帮助的人。这样，对方不仅不会因为你的拒绝而失望、生气，反而会对你的关心、帮助表示感谢。

有一次，约翰的一位好朋友的孩子，4岁的毛毛，一手拿苹果，一手拿橘子，跑到约翰面前炫耀。约翰故意逗他说："毛毛，伯伯的嘴好馋。你看，你是愿意把苹果给伯伯吃呢，还是愿意把橘子给伯伯吃？"他听了约翰的话，很快就出人意料地回答："伯伯你快去，妈妈那里还有！"啊，这小家伙的回答真是绝了！他没有直截了当地拒绝，但让人无法从他那里捞到一点儿油水，因为他想到了一个替代方案来拒绝人。这个例子，显示了替代方案的妙用。他没有正面表示拒绝，你也没有得到任何东西，彼此既不伤和气，也不会丢什么面子。

这种方法就叫"替代法"，是以"我办不到，你去拜托某某比较好"的说法，来转移给他人的做法。工作中常常会有人来请你帮忙，而你又因为种种原因不想插手，你应该怎么谈呢？

"我对电脑没办法，不过小王对电脑很熟，你去拜托他看看怎么样？"

"我对计算工作最头大了，小芸好像是簿记二级的，她应该做得来！"

像这样搬出一位在这方面能力比自己强的人，然后要对方去拜托他就行了。

不只能力的问题，像下面这个例子中的场合也能适用。

"我如果要做这件事，恐怕要花掉不少时间。小范好像说他今天工作分量不怎么多！"

只有在大家都知道那个人的确比较胜任时才能用这招。

这个办法有一个问题就是，可能会招致那个被你"转嫁"的人的怨恨。想拜托你的人一定会说："是某某说请你帮忙比较好！"对方也就会知道是你干的好事。这么一来，那个人心里一定会想："可恶的家伙，竟然把讨厌的事推给我！"

尤其当需要帮忙的工作内容，是人人都不想做的事情的时候，惹来怨恨的可能性就愈高。所以，最好在多数人都知道"某某事情是某某最擅长的"，这样的场合才用此招。

当然，这一招不仅仅是可以用在工作中，还能用在日常生活中，假如你抽不开身，实事求是地讲清自己的困难，同时热心介绍能提供帮助的人。这样，对方不仅不会因为你的拒绝而失望、生气，反而会对你的关心、帮助表示感谢。

"怨我能力有限"

若是用没有能力，也就是自己无法控制的原因来拒绝（想帮你，可是帮不了）的话，拒绝起来便容易多了。

有很多既没有什么实际意义又浪费时间与精力的活动，我们要对它进行拒绝，可以采取自我贬低的方法。

"自我贬低"是一种特殊形式，表示自己无能为力，不愿做不想做的事。也就是说："我办不到，所以不想做。"

根据心理学的调查发现，人们的确有在日常生活中自我贬低的现象。例如，在上班族中，有12%的人曾对上司贬低自我，而14%的人对同事贬低自我。虽然它跟"楚楚可怜"法一样，会导致别人对自己的评价降低，但令人惊讶的是，仍有一成以上的人是在自己有意识的情况下用了这个办法。

上班族会用到"自我贬低法"的场合有以下 3 种：

第一，遇到不想做的事。例如，像是打杂般的工作、很花时间的工作或单调的工作等。还有像公司运动会之类，筹办公司内部活动也是其中之一。像这些情形便有不少人会用"我不会呀"或"我对这方面不擅长"等理由，来把不想做的事巧妙地推掉。

第二，拒绝他人的请求。当别人找上你，希望你能帮他的忙时，你很难直接说："不！"因此便以"我很想帮你，可是我自己也没有那个能力"的态度来婉转拒绝。拒绝别人时，很难直接以"我不愿意"这种态度来拒绝，而且如果拒绝不恰当还可能会让对方怀恨在心。因此，若是用没有能力，也就是自己无法控制的原因来拒绝（想帮你，可是帮不了）的话，拒绝起来便容易多了。

第三，想降低其他人对自己的期望值。一个人若能得到他人的高度期待，固然值得高兴，但压力也会随之而来。因为万一失败，受到高度期待的人，所带给其他人的冲击性会很大。因此，借由表现出自己的无能，来降低期望值，万一将来失败，自己的评价也不会下降得太多；相反，如果成功，反而会得到预期之外的肯定。

根据工作的内容，"无能"的内容也应有所不同。例如：

别人要求你处理电脑文书资料时——

"电脑我用不好，光一页我就要打一个小时，说不定还会把重要的资料弄丢！"

别人要求你做账簿时——

"我最怕计算了，看到数字我就头痛！"

不过，所表明的"无能"的理由不具真实性，那可就行不通。例如，刚才电脑处理的例子，如果是在电脑公司，说这种话没人相信。后面那个例子，如果发生在银行，也绝对会显得很突兀。平常愈少接触到的工作，说这种话时，所获得的可信度也就愈大。所以要说"我没做过""我做得不好"这些话的时候，这些话一定要具有可信度才行。

"自我贬低"如果使用过度，很容易给人留下"无能""不可靠"的印象。而当自己反过来想求人帮忙时，被拒绝的概率也会大幅提高。因此要注意，绝对不要使用过度。

"自我贬低"使用时的第一重点就在于慎选使用的场合，也就是只在与自己的工作无关的地方使用。

举个极端的例子。如果一个跑业务的说"我在别人面前讲话会很紧张"而拒绝参加公司的会议，那么这对他来说，就是致命伤。但如果是做研究工作的人说这种话，那就另当别论，效果完全不同。要自我贬低时，切记只用对自己不重要的部分来贬低自己。

第二个重点是，尽量避免招来"无能"或"不可靠"的负面印象。记住善用"如果是某某，某某就没问题，但这件事我实在心有余而力不足"这句话。例如：

"对文字处理机我还有办法，可是资料输入我真的不行！"

"公司旅行的账目我倒是做过，但太复杂的东西我没自信能做好！"

这么说，总比直接拒绝对方好，而且这种说法听起来比较具真实性，也比较容易成功。

延时缓兵之计

对方提出请求后，不必当场拒绝，可以采取拖延的办法。

在大学的课堂上，有一名学生提出与正课毫无关联的问题，几乎让那位教授失态。起初那位教授很用心地答复他的问题，但不料却与学生的意见发生了冲突。其实这时教授大可拒绝对方的质问，同时不必正面拒绝，可以用"像你这种问题我们不妨等下了课再谈"这句话轻易带过。

如果是在私人场合，就可以说："像你这样的问题我们还是等会儿再谈，怎么样，喝一杯吧！"轻松愉快地将话带过。若在会议中不幸形成了一场火爆的局面，此时主席不妨暂时承认对方所言的重要性，同时也让他感觉此问题事关重大，难以解决，无法立刻作答，于是你便说：

"关于这一问题我们日后再做讨论，今天我们还是讨论会议的本题。"

至于"日后"，此刻也不甚为人关心，这种做法也比直接拒绝回答来得恰当，容易让人接受，虽然表面上你是在对他摆出低姿态，实际上却是拒绝正面作答，以保持他心理的平衡。

发言者若来势汹汹，你不妨说"像这样的难题我们日后再谈"来缓和当时的紧张气氛。

在别人向你提出请求时，如果你能做到，就可以答应别人，但如果你感到这一请求超出了你的能力范围时，你当然可以立即回绝："不行，这个忙我帮不了！"但是你如果用延时法来说："嗯，我来想想办法，是不是能办成我一定尽快给您一个回音，您看怎么样？"如果你过一两天再打电话表示无能为力，那至少你不是"一口回绝"，你是已经尽心尽力了。有时候，被拒绝的人耿耿于怀的往往是别人回绝时的态度，或是官腔十足，或是盛气凌人，或是漫不经心。若是别人已经尽心竭力，那么即使事情最终没有办成，也不至于牢骚满腹。

对方提出请求后，不必当场拒绝，可以采取拖延的办法。你可以说："让我再考虑一下，明天答复你。"这样，既为你赢得了考虑如何答复的时间，又会使对方认为你是很认真对待这个请求。

张艳一心想当一名记者，于是想从学校调到某报社工作，她找到了同事的丈夫——某报社黄总编，黄总编知道报社现在严重超编，但又不好直接拒绝，于是对张艳说："刚刚超编进来一批毕业生，短期内社里不会考虑进人的问题了，过一段时间再说吧。"黄总编没说这事绝对不行，而是以条件不利为理由，虽然没有拒绝，但为后来的拒绝埋下了伏笔。

有时，在直接拒绝时也可使用"延时"法。

小张想观摩一位特级教师上课。那位教师出于谦逊婉言谢绝了，他说:"行啊,说开课就开课。不过这课要开得成功,让学生、老师都满意,还得符合教改精神,得让我好好考虑考虑教学方案。看来你得给我一年时间。这 365 日我得天天想,多痛苦啊!"

　　这位教师对小张的请求采用延时法予以拒绝,本来,别人慕名来观摩自己的课对自己来说是一种尊重,如果直接拒绝,会使对方认为自己不识抬举。而采用"拖延"的技巧来拒绝对方,先爽快地答应,然后把时间推到一年之后。谁都知道,准备一堂课怎么也用不了一年的时间。因此,请求者也明白这位教师是在间接地谢绝,当然也不会勉为其难了。

恰如其分，
让对方心悦诚服的批评秘籍

第 9 章

批评时应遵守的原则

批评者如果能够遵循批评的基本原则，那么他的批评将会更容易被对方所接受。

世上没有十全十美的人，每个人都有可能会犯错。有的人会忍不住大发雷霆，严厉斥责犯错的人。然而在一阵狂风暴雨之后，你可能会沮丧地发现，你的"善意"并没有被对方所接受。倘若，我们给批评裹上"甜言蜜语"，也许批评会更容易为人所接受。

一天中午，钢铁厂厂长查理·夏布偶然走进厂里，撞见几个工人正在吸烟，而在那些工人头顶的墙上正悬着"禁止吸烟"的牌子。

夏布没有直接地批评工人。他走到那些工人面前，拿出烟盒，给他们每人一支雪茄，然后请他们到外边抽。

那些工人知道自己已违反了规定，可是夏布先生不但没有责备他们，还给他们每人一支雪茄，工人们很高兴，以后再也没有在厂里吸烟了。

其实，批评不一定要用尖刻的言语，有时"温柔细语"更能起到劝说、评批所要的效果。

在生活和工作中，批评是必不可少的，因为缺点每个人都有，只有认识到自己的缺点并加以改正，才有可能获得进步。这就是批评的价值所在。

但是，在批评时，一定要讲究方式、方法。否则难以达到预期效果。那么，批评需要遵循哪些原则呢？

1. 体谅对方的情绪

开门见山地批评他人显得有点儿残酷，会给对方的心理蒙上一层阴影。所以，当你在批评他人时，不妨设身处地地站在对方的立场考虑一下，自己是否能接受得了这种批评。如果批评的话自己听来都有些生硬，那么就该检讨一下自己的措辞。

另外，也要考虑批评的场合。不注意场合的批评，任何人都很难接受。

2. 诚恳而友好的态度

批评是一个敏感的话题，哪怕是轻微的批评，都不会使人感到舒畅，而且，批评者此时会显得很挑剔。所以，如果批评者态度不诚恳，居高临下，反而会引发矛盾，使对方产生对立情绪。

因此，批评必须注意态度，诚恳而友好的态度往往能使摩擦减少，使批评达到预期效果。

3. 只说眼前，不提过去

批评应该站在如何解决当前问题、将来如何改进的立场上进行。这样的批评才是理想、得当的。

4. 批评时一对一，莫让他人听到

批评时若有他人在场，被批评者会有屈辱感，由此心生反感，找理由辩解，而无心自省。因此，不到万不得已，不要当众批评他人。

寻找最佳突破口

如果抓住情绪已经产生强烈波动即将导致不正常行为的时刻予以说服，阐明利害得失，对方就会受到震动，恢复理智，幡然醒悟。

人的心理是客观现实在头脑中的反应，外界的刺激会引起人的心理变化，突然的刺激会导致心理波动。这时人们往往情绪反应强烈，特别是年轻人情感更为动荡、极易冲动，情感有余，而理智不足。情感的潮水会漫过理智的堤坝，在激情的驱使下会采取事后追悔莫及的过火行为。

如果抓住情绪已经产生强烈波动即将导致不正常行为的时刻予以说服，阐明利害得失，对方就会受到震动，恢复理智，幡然醒悟。而过早地进行说服，会被对方认为神经过敏或无中生有；时过境迁，再去说服教育，易被对方看成"事后诸葛"，或秋后算账，都不能收到好的效果。要抓住最佳时机，就要善于在人的思想、情绪容易发生变化或可能出现问题的关口及时进行说服教育。一般来说，工作调动、毕业分配、入党入团、家庭事件、婚恋受挫、升职加薪、意外事故、住房分配、子女就业、战士报考军校、退伍回乡、请假探家、负伤患

病等，人们在面临这些情况时，极容易产生思想波动，这也正是进行说服的好时机，在这种时刻要及时劝导提醒，防患于未然。

个别说服的时机是否恰当，可以通过观察对方的情绪表现进行判断。如果对方心平气和，或者表现出情绪超乎平静的迹象，这往往说明时机较为合适。如果发现对方表现出反感或对立情绪，我们除应检查谈话方式、方法或自己的观点、态度是否正确外，还应考虑谈话的时机是否成熟，及时中止谈话，以免造成不好的后果。这时，我们应积极观察，耐心等待；或者采取恰当措施，创造有利的时机，使说服一举奏效。

实际上，"最佳时机法"所强调的最佳时机，并没有具体标准，也并不仅限于上面事例中所展示的模式，全靠我们在具体情况下从说服目的出发，针对对方的思想状态和心理特点，自己揣摩和把握。

只要我们具有敏锐的观察力、准确的预测和果断、灵活的思维能力，我们的说服工作就会像杜甫诗句中"知时节"的"好雨"那样，"当春乃发生"，恰到好处地滋润人们的心田。寻找说服的最佳突破口，不仅仅是从把握最佳时机着手，我们还可以从对方最得意的事情说起。生活中其实每个人都有自己认为得意的事情，事情的本身，究竟有多大价值，是另一问题，而在他本人看来，却认为是一件值得终身纪念的事。如果你能预先打听清楚，在有意无意之间，很自然地讲到他得意的事情，只要他对你没有厌恶的情绪，只要他目前没有其他不如意的事情，在情绪正常的情况下，他一定会高兴地听你说的，当然此时说服他就容易多了。

当然，我们在进行说服时要注意技巧，表示敬佩，但不要过分推崇，否则会引起对方的反感。对于这件事情的关键，要慎重提出，加以正反两方面的阐述，使他认为你是他的知己。到了这种境地，他自然会格外高兴，会亲自讲述，你应该一面听，一面说几句表示赞赏的话，如此一来，即使他是个冷静的人，也会变得和蔼可亲，你再利用这个机会稍稍暗示你的意思，进行试探，作为第二次说服的基点。这不是失败，而是你说服他的初步成功，对于涉世经验不丰富的人，得此成绩，已不算坏，若想一举成功，除非对方与你素有交情，又正逢高兴的时候，而且你的谈吐又是很容易令人接受的，否则千万不要存此奢望。

不过对方得意的事情要从哪里去探听，那当然要另谋途径，试着在你的朋友中找一下有否与对方交往的人，如果有，向他探听当然是最容易的。如能留心报纸上的新闻或其他刊物，平日记牢关于对方的得意事情，到时便可以应用。此外，随时留心交际场中的谈话，像这些时候谈到对方得意的事情，也是很平常的。因为对方在高兴的时候，易于接受你的请求；在对方不高兴的时候，虽是极平常的请求，也会遭到拒绝。比如对方新近做成了一笔生意，你称赞他目光精准，手腕灵活，引得他眉飞色舞，乘机稍示来意，也是好机会。诸如此类的例子很多，全在于你随时留心，善于利用。不过，当你提出请求时，你得要看时机是否成熟，另外，你在说服过程中要保持不卑不亢。过分显出哀求的神情，反而会引起对方藐视你的心理。尽管你的心里十分着急，但说话表情还是要表现得大方自然，并且要说出为对方着想的理由来，而不只是为你自己打算。

批评别人时要给对方台阶下

装作不理解对方尴尬举动的真实含义，故意给对方找一个善意的行为动机，给对方铺一个台阶下。

当批评别人的时候，对方可能会有下不来台的时候。这个时候如果能巧妙地给人台阶下，就可以为对方挽回面子，缓和紧张难堪的气氛，使事情能顺利进行。要达到这样的目的，就应该学会使用下列的技巧，在批评别人时给对方台阶下。

1. 给对方寻找一个善意的动机

装作不理解对方尴尬举动的真实含义，故意给对方找一个善意的行为动机，给对方铺一个台阶下。

有一位老师曾经讲过这样一个故事：

一天中午，他路过学校后操场时，发现前两天帮助搬运实验器材的几位同学正拿着一个实验室特有的凸透镜在阳光下做"聚焦"实验。当时那位老师就想：他们哪来的透镜？难道是在搬器材时趁人不备拿了一个？实验室正丢了一枚。是上去问个究竟还是视而不见绕道而去？为难之时，同学们发现了那位老师，从同学们慌乱的神情中老师肯定了自己的判断。当时的空气就像凝固了似的，但是这位老师很快想出了一个妙方，他笑着说："哟，这透镜找到了！谢谢你们！昨天我到实验室准备实验，发现少了一个透镜，我想大概是搬器材过程中丢失了，我沿途找了好几遍都未能找到，谢谢你们帮我找到了这个透镜。这样吧，你们继续实验，下午还给我也不迟。"同学们轻松地点了点头，一场尴尬就这样被轻松解决了。

这位老师采用了故意曲解的方法，装作不懂学生的真实意图，反装作是他们帮助自己找到了透镜，将责怪化成了感激，自然令学生在摆脱尴尬的同时又羞愧不已。

2. 顺势而为

依据当时当场的势态，将对方的尴尬之举加以巧妙解释，使原本只有消极意味的事件转而具有积极的含义。

有一次，县教委的一些同志来学校听课，校长安排1班的李老师讲课，这下可使李老师犯难了。他既怕课讲得不好，又忧虑有的学生答问题时成绩不佳，有失面子。课堂上，他重点讲解了词的感情色彩问题。在提问了两位同学取得良好效果后，接着提问县教委一位领导的孩子："请你说出一个形容×××的美丽的词或句子。"或许是课堂气氛紧张，或许是严父在场，也可能兼而有之，这名同学一时为难，只是站着。李老师和那位领导都显出了尴尬的脸色。瞬间，这位老师便恢复正常，随机应变地讲道："好，请你坐下，同学们，××同学的答案是最完美的，他的意思是说这个人的美丽是无法用文字和语言来形容的。"

这一妙解为县教委领导孩子尴尬的"呆立"赋予了积极的意

义，使他顺利下了台阶，而李老师本人和那位领导本人也自然摆脱了难堪。

3. 委过于不在现场的第三个人

故意将对方的责任归于不在现场的他人，主动地为对方寻找遮掩不妥行为的借口。

一位女顾客在某商场为丈夫购买了一套西服，回家穿后，丈夫有点儿不大喜欢这种颜色。于是，她急忙将西服包好，干洗后拿商店去退货。面对服务员，她说那件衣服绝没穿过。

服务员检查衣服时，发现了衣服有干洗的痕迹。机敏的服务员并没有当场找出证据来拆穿她，因为服务员懂得一旦那样做，顾客会为了顾及自己的面子而死不承认的。这位服务员就为顾客找了一个台阶。她微笑着说："夫人，我想是不是您家的那位搞错了，把衣服送到洗衣店去了？我自己前不久也发生过这类事，我把买的新衣服和其他衣服放在一起，结果我丈夫把新衣服送去洗了。我想，您大概是否也碰到了这种事情，因为这衣服确实有洗过的痕迹。"

这位女顾客知道自己错了，并且意识到服务员给了她台阶下，于是不好意思地拿起衣服，离开了商场。

4. 将尴尬的事情严肃化

故意以严肃的态度面对对方的尴尬举动，消除其中的可笑意味，缓解对方的紧张心理。

第二次世界大战时，一位德高望重的英国将军举办了一场祝捷酒会。除上层人士之外，将军还特意邀请了一批作战勇敢的士兵，酒会自然是热烈而隆重。没料想，一位从乡下入伍的士兵不懂酒席上的一些规矩，捧着面前的一碗供洗手用的水喝了，顿时引来达官贵人、夫人小姐的一片讥笑声。那士兵一下子面红耳赤，无地自容。此时，将军慢慢地站起来，端着自己面前的那碗洗手水，面向全场贵宾，充满激情地说道："我提议，为我们这些英勇杀敌，拼死为国的士兵们干了这一碗。"言罢，一饮而尽，全场为之肃然，少顷，人人均仰脖而干。此时，士兵们已是泪流满面。

在这个故事里，将军为了帮助自己的士兵摆脱窘境，恢复酒会的气氛，采用了将可笑事件严肃化的办法，不但不讥笑士兵的尴尬举动，而且将该举动定性为向杀敌英雄致敬的严肃行为。乡下士兵不但尴尬一扫而尽，而且获得了莫大的荣誉，成为在场的焦点人物。

批评孩子的同时还需要对其正确引导

冲突本身并不可怕，关键在于如何正视冲突，并合理地处理和化解冲突。

随着社会的发展，人们的价值观、世界观发生了巨大的变化，父母与孩子之间由于生活在不同的时代而产生了基本价值观的差异，比如，孩子嫌父母古板、循规蹈矩，父母抱怨儿女不踏实、太新潮……

孩子与父母之间的这种冲突是孩子成长过程中必经的关口。冲突本身并不可怕，关键在于如何正视冲突，并合理地处理和化解冲突。

有时候，林女士会羡慕别的家庭，他们的孩子怎么就能和父母无话不谈？甚至恋爱的秘密也一起分享。但她女儿灿灿最爱说的就是："妈妈你别管了，我自己会处理。"

林女士第一次发现灿灿特有主见还是在中考时。

那时，灿灿已经被通知保送，直升本校重点高中。灿灿学习成绩一直很好，能保送就算是进了保险箱。但在此前，灿灿一直在考虑报考一所更好的学校。到底该如何选择？要知道，被保送已经是许多孩子梦寐以求的了。

那个月，这个话题一直在林女士家的饭桌上讨论不休。如果放弃保送，万一考不上，对灿灿会不会是个沉重的打击？而且，即便那时再考上本校，还要多交一大笔学费。而且，本校会不会不愿意接收呢……他们尽可能倾听灿灿对学校的感受，和灿灿商讨各种可能性，并介绍自己在工作生活中的教训……其实，林女士和她丈夫心中早有定数：希望她还是接受保送。"但我们能替孩子做决定吗？谁又能保证她执行的效果？"于是他们告诉灿灿："这件事由你自己决定。"

其实，女儿非常认真地听取了他们的意见。林女士心里也在打鼓："我和丈夫应该支持孩子在事关前途的问题上冒险吗？"

终于有一天，女儿回家后淡淡地说："爸，妈，我今天对老师说，我放弃保送名额了。"

一瞬间的震惊。林女士和丈夫迅速对视一眼，马上表示："那就这样吧！"再没多说什么。可是回到卧室，她和丈夫谈到深夜，心中不知是惊喜还是担忧。没想到孩子这么小就有了决断力和对自己负责的态度，她既然愿意逼自己一下，不管结果如何他们都接受。

几个月过去了，孩子还是以几分之差落回了本校。之后半年多的时间，孩子经历了期望值的失落、对学校的不满意和与其他同学比较后的失衡。看着她烦躁的神情，林女士的担心真是难以形容。

就在那时候，林女士常常用自己的经历来给女儿"打气"。她给灿灿讲述她18岁离家时，单纯、胆怯、对社会一无所知，十多年来，面对艰难困苦的生活，她和丈夫是如何熬过来的，如何靠着自己的奋斗走出困境。她对灿灿说："我跟爸爸现在拥有大部分好的经验、能力也都是在不断地失败中得来的，经历点儿挫折也不是坏事，这是成长中一次重要的心理考验，别人无法替代。只有依靠自己不断地打拼、锻炼才能取得成功。"林女士丈夫一直都在灿灿的身边默默地支持她。后来，灿灿逐渐从失败的阴影中走出来，并考上了北京著名的高等学府。

其实，独立是孩子成长的需要，处于青春期的个体具有明显的独立性和成人感心理。若父母对这些"准大人"仍采取强权态度，喜欢命令孩子，不但没有效果，反而会增加孩子的抵触情绪，加大父母与孩子之间的代沟。假如父母能认识到这是孩子个性的表现，抱着理解、尊重和正确引导的态度去面对，那么两代人之间的代沟自然容易消除。

以柔克刚，正话反说吐逆耳忠言

很多谈话高手在批评别人时，都会选择一种委婉的方式。

人们总是认为：口才好的人总能在交际中左右逢源，随机应变。而语讷的人常常会感到自惭形秽，认为自己不善于交际，对人际交往失去信心。其实在社会交往中，如何把话说得恰到好处才是成败的关键。

俗话说："良药苦口利于病，忠言逆耳利于行。"我们要把话说得恰到好处，那么为何不用顺耳的忠言、温柔的言语来化解矛盾呢。试想一下，公园里草地上竖立的牌子，有的写着："小草默默含羞笑，来往游客莫打扰""百花迎得嘉宾来，请君切莫用手摘"，有的则用诸如"禁止""罚款"等字眼。哪一种更能博得游人的喜爱，使花草得到爱护，这是一目了然的。

不论是工作还是生活中，一个人的能力毕竟是有限的，不可能把任何事情都做到十全十美，时常犯一些错误是在所难免的，同学之间、同事之间，如果真诚地提出善意的批评，对于双方都是有益的。对于他人的任何批评和帮助，我们要满怀诚意，虚心接受。但是，既然是批评，语言可能会尖锐一些，语气也会严厉一些，忠言逆耳或者顺耳，批评能否被接受，这取决于批评者说话的方式方法。

某领导发现秘书写的总结有不妥之处。他是这样批评秘书的：

"小张，这份总结总的来说写得不错，思路清楚，重点突出，有几处写得很有见地，看来你下了功夫。只是有几个地方提法不妥，有点儿言过其实，有的地方尚缺定量分析，麻烦你再修改一下。你的文笔不错，过去几次写总结也是越修改越好，相信你这次也一定能改出一个好总结来。"

这样说，秘书会感到领导对自己很公正、很器重，充满期望和信任，因而就会很卖力地把总结改好了。

人活一张脸，树活一张皮。一个人的自尊是最宝贵的也是最脆弱的。很多谈话高手在批评别人时，都会选择一种委婉的方式。聪明人总是在发现对方的不足时，想办法找个机会私底下向他透露，而且批评也是较为含蓄的，甚至他会将批评隐藏在玩笑中，这样就能让对方很容易地接受建议了。

把握好说话的分寸，不可太露骨

当我们发现对方行为有所缺失时，不必说得太露骨，稍微暗示一下对方，或者旁敲侧击地提醒，对方通常能够明白你的意思，还会对你的善意规劝表示好感。

事情有缓急，说话有轻重。有些人在日常交际中，考虑问题缺乏理智，不计后果，说话没轻没重，以致说了一些既伤害他人、也不利自己的话。其实，把话说得有轻有重，并非人们想象的那么难。只要将心比心，把对别人说的话放在对自己说的位置上想一想，就知道我们所说的话有多少分量了。

说话轻重，通常出现在规劝或批评对方的情况中，所以掌握好轻重的比例，是非常重要的。谁都知道"人非圣贤，孰能无过"。所以，当我们发现对方行为有所缺失时，不必说得太露骨，稍微暗示一下对方，或者旁敲侧击地提醒，对方通常能够明白你的意思，还会对你的善意规劝表示好感。

宋朝益州的张咏，听说寇准当上了宰相，对其下属说："寇公奇才，惜学术不足尔。"张咏与寇准是多年的至交，他很想找个机会劝劝老朋友多读些书。

恰巧时隔不久，寇准因事来到陕西，刚刚卸任的张咏也从成都来到这里。老友相会，格外高兴。临分手时，寇准问张咏："何以教准？"张咏对此早已有所考虑，正想趁机劝寇公多读书。可是仔细一琢磨，寇准已是堂堂宰相，居一人之下，万人之上，怎么好直截了当地说他没学问呢？

张咏略微沉吟了一下，慢条斯理地说了一句：《霍光传》不可不读。"回到相府，寇准赶紧找出《汉书·霍光传》，从头仔细阅读，当他读到"光不学无术，阁于大理"时，恍然大悟，自言自语地说："此张公谓我矣！"是啊，当年霍光任过大司马、大将军要职，地位相当于宋朝的宰相，他辅佐汉朝立下大功，但是居功自傲，不好学习，不明事理。这与寇准有某些相似之处。因而寇准读了《霍光传》，明白了张咏的用意。

虽然张咏与寇准过去是至交，但如今寇准位居宰相，直截了当地说不一定合适。在这种情况下，张咏的一句赠言："《霍光传》不可不读。"可以说是绝妙的。别小看这一句话，其实它能胜过千言万语。而张咏通过让寇准去读《霍光传》这个委婉的方式，使寇准愉快地接受了自己的建议。

那些熟谙暗示手段提醒别人的人，通常能将自己善意的评价和论断很好地传达给对方，其结果通常使评价方和被评价方获得双赢。虽然人人皆知直言不讳是耿直的表现，但是物极必反，有时候态度越强硬，越达不到你想要的效果。最为高明的手段是根本不提"批评"二字，而是逐渐"敲醒"听者，启发他自我反省。

奉劝别人的话并不是随口说出来的，我们必须思考应该以什么样的方式把它说出来而不会让对方难堪。对于那些有自知之明的人，最好采用暗示的方式，因为这样做就可以达到劝说的目的了，无须再把话挑明，反而多加一层伤害。

看透但不点透：事情说得太白会伤和气

人非圣贤，有时难免会做一些不适当的事。在这种情况下，就要把握好指责他人的分寸，即使看破别人的心思也不要去点破。

在人际交往中，有的事不必弄得太明白，只要大家心知肚明就可以了。俗话说：看透别说透。事情说得太白，反而会伤和气，或显得太无聊。懂得此术，在交际中自然游刃有余。

一日，老姜在县上巧遇好友老刘。一番寒暄之后，老刘说道："我正想去找你，恰好你来了。"

"有啥事我能帮上忙的？"老姜好奇地问。

"×镇的朱××诉H镇的周××赔偿一案，你们受理的吧？"

"是啊。"

"周××是我的老乡。他是复员军人，共产党员，这人……"老刘说。

老姜插话笑道："你不必介绍他的政治面貌了，我们又不选拔干部。如果看政治面貌，那么，若遇上一件书记告贼的民事案子的话，岂不是连审判程序也不必进行，直接判书记胜诉就行了吗？"

"对对对。"老刘连连点头。

"但凡人们总爱把犯过错误的人看扁，犯过错误的人又不敢激烈申辩自己的正确主张。你是明理之人，为他辩护即可起到维护其合法权益的作用。你说，对吗？"老姜说。

"言之有理。"

一番说笑后，二人分手了，没有因此产生半点隔阂。

相反，那些事事追究到底，口无遮拦地说出心中所想的人，在很多时候往往会破坏原本融洽或是可能融洽的气氛。

在一次会议上，张教授遇见了一位文艺评论家。互通姓名后，张教授对这位文艺评论家说："久仰久仰，早就知道您对星宿很有研究，是位大名鼎鼎的天文学家。"评论家半天没有反应过来，以为是张教授搞错了，忙说："张教授，您可真会开玩笑，我是搞文艺评论的，并不研究什么天文现象。您是不是弄错了。"张教授正言答道："我怎么是跟您开玩笑呢。在您发表的文章里，我时常看到您不断发现了什么。著名歌星、舞台新星、歌坛巨星、文坛明星等众多的星宿，想来您一定是个非凡的天文学家。"弄得这位评论家尴尬不已，什么也没说，坐了一会儿就走了。

为人处世，虽需练就一双"火眼金睛"，同时也要做一只"闷嘴葫芦"，这样才能万无一失。像故事中的张教授以为自己看得挺明白，于是就对人大加指责；而故事中的老姜则不同，他明白"看透不说透"的道理。这两种人在处理事情时得到的结果也自然不同了。

谁都会有出错的时候，如果只是一味地泄私愤、横加批评、讲刺话，总是数落对方"你怎么这么笨""你怎么总是这样""你这样做太不应该了"等，是不太妥当的。

人非圣贤，有时难免会做一些不适当的事。在这种情况下，就要把握好指责他人的分寸，即使看破别人的心思也不要去点破。要保全别人的面子，这是在人性丛林中生存的法宝。因为你不去点破他人的心思，充其量是落得他人的埋怨，却不至于引发什么危机。

因此，当某人行事真有问题时，在他内心有时会反省，觉得抱歉、恐慌、不知所措，此时如果你再批评指责他，那么他会因为你的谴责而羞愧难过，有的甚至从此一蹶不振，无法再树立自信。如果换种语气，换个方式，比如，"从今以后，你会做得比这次好"，或者"我想，下次你一定不会再犯这样的错误了"等诸如此类的话，对方不仅会感激你对他的信任，同时会感受到你的真诚，更重要的是有了改正错误的信心，对方在今后的工作、生活中，必定小心谨慎。

图书在版编目（CIP）数据

精准表达：把话说到点子上 / 宿春礼编著 . — 长春 : 吉林文史出版社 , 2018.10（2024.7 重印）

ISBN 978-7-5472-5440-0

Ⅰ . ①精… Ⅱ . ①宿… Ⅲ . ①语言艺术—通俗读物

Ⅳ . ① H019-49

中国版本图书馆 CIP 数据核字 (2018) 第 222621 号

精准表达 : 把话说到点子上

书　　名：精准表达 : 把话说到点子上

编　　著：宿春礼

责任编辑：程　明

封面设计：冬　凡

文字编辑：李　波

美术编辑：牛　坤

出版发行：吉林文史出版社

电　　话：0431-81629369

地　　址：长春市福祉大路 5788 号出版集团 A 座

邮　　编：130117

网　　址：www.jlws.com.cn

印　　刷：三河市燕春印务有限公司

开　　本：145mm×210mm　1/32

印　　张：8 印张

字　　数：198 千字

印　　次：2018 年 10 月第 1 版 .2024 年 7 月第 9 次印刷

书　　号：ISBN 978-7-5472-5440-0

定　　价：38.00 元